POR QUE AINDA HÁ QUEM NÃO APRENDE?
A POLÍTICA

POR QUE AINDA HÁ QUEM NÃO APRENDE?
A POLÍTICA

Esther Pillar Grossi

PAZ E TERRA

Preparação: Beatriz Andrade
Capa: Isabel Carballo

CIP–Brasil catalocação-na-fonte
Dados Internacionais de Catalocação na Publicação (CIP)

P868
    Por que ainda há quem não aprende?
    / Esther Pillar Grossi (organiadora). - São Paulo :
Paz e Terra, 2004

    Parte dos debates realizados no III Congresso Nacional
de Educação, Cultura e Desporto, realizado em Brasília, em
dezembro de 2002, sob os auspícios da Câmara dos
Deputados.

ISBN 85-219-0760-5

    1. Educação – Brasil – Discursos, conferências, etc.
    2. Educação e Estado – Brasil – Discursos, conferências, etc.
    3. Política e educação – Brasil – Discursos, conferências, etc.
    4. Democratização da educação – Brasil – Discursos,
    conferências, etc.
    I. Grossi, Esther Pillar, 1936-.

04-3061.   CDD 370.981
                            CDU 37 (81)

EDITORA PAZ E TERRA S.A.
Rua do Triunfo, 177
Santa Efigênia, São Paulo, SP — CEP 01212-010
Tel.: (011) 3337-8399
Rua Hermenegildo de Barros, 31A
Rio de Janeiro, RJ — CEP 20241-040
Tel.: (021) 2242-0436 / 2507-3599
e-mail: vendas@pazeterra.com.br
Home Page: www.pazeterra.com.br

2004
Impresso no Brasil / *Printed in Brazil*

Sumário

Apresentação 7
ESTHER PILLAR GROSSI

O crime: Por que ainda há quem não aprende? 13

A pedagogia como ré no júri: 15
POR QUE AINDA HÁ QUEM NÃO APRENDE?

A mídia como ré no júri: 47
POR QUE AINDA HÁ QUEM NÃO APRENDE?

A mídia como ré no juri 49

A política econômica como ré no júri: 89
POR QUE AINDA HÁ QUEM NÃO APRENDE?

A política econômica como ré no júri 91

O que são as audiências públicas e os debates? 109

Cultura
Beethoven, forró e samba 111
HELENA HERRERA

O prazer do movimento 117
DÉBORA COLKER

O funk aglutina 1,5 milhão de jovens 125
JOSÉ PEREIRA DE OLIVEIRA JÚNIOR

Aprendi Cinema na barriga da minha mãe 135
NELSON PEREIRA DOS SANTOS

Uma mãe muito maluquinha 143
ZIRALDO ALVES PINTO

A vida é agora 153
LUCÉLIA SANTOS

Desporto
A imprensa só fala de futebol 159
MINISTRO CAIO CARVALHO

Esporte de rendimento é um atentado à saúde 163
SÁVIO ASSIS

Há um vácuo no desporto escolar 171
LARS GRAEL

O jogo não começa em zero a zero 177
ROBERTO LIÃO JUNIOR

Esporte como cultura corporal 181
JAMERSON ALMEIDA

A intelligentzia em off-side 189
MIGUEL MASSOLO

O poder real do futebol 195
DR. SÓCRATES BRASILEIRO

Futebol é espaço de alienação 197
LINO CASTELLANI FILHO

Apresentação
Esther Pillar Grossi

Neste livro, encontra-se a parte mais original da III Conferência Nacional de Educação, Cultura e Desporto, que aconteceu em Brasília, em dezembro de 2002, sob os auspícios da Câmara dos Deputados, em uma enorme tenda armada nos amplos espaços da Esplanada dos Ministérios. A originalidade deste livro repousa sobre dois vetores: o da interdisciplinaridade das fontes de seu conteúdo e o da forma como ele foi apresentado na Conferência.

Seu conteúdo resulta da reflexão interdisciplinar de por que ainda há quem não aprende, se as ciências demonstram hoje que todos podem aprender. Para tal, foram convocados e acorreram à III Conferência personalidades dos mais diferentes quadrantes da sociedade, para contribuir com o debate sobre o crime hediondo de padecermos tão poucas aprendizagens no ensino brasileiro.

Acorreram políticos, jornalistas, professores, músicos, bailarina, escritores, cineasta, juristas, empresários, sindicalistas, desportistas, socióloga, médico,... Esther Grossi, Walfrido Mares Guia, Gilmar Machado, Yeda Crusius, Iara Bernardi, Eliane Cantanhêde, Luciano Suassuna, Gabriel Pillar Grossi, Patu Antunes, Romário Schettino, Terezinha Nunes, Luiz Carlos de Menezes, João Monlevade, Juçara Dutra Vieira, José Pereira Jr, Helena Herrera, Débora Colker, Sócrates Brasileiro, Roberto Liao, Lino Mascellani Filho, Lars Grael, Ziraldo, Lucélia Santos, Nelson

Pereira dos Santos, Miguel Massolo, Antonio Marcio Lisboa, Célio Cunha, Maria José Rocha Lima, entre outros.

O debate aconteceu durante a III Conferência em dois tipos de atividades: os júris propriamente ditos e as audiências públicas.

Foram simulados três júris, tendo como réus a Pedagogia — ou mais particularmente a política governamental para a educação, naquele momento — a Política Econômica do governo e a Mídia. Todas as três sujeitas à condenação ou à absolvição, "por que ainda há quem não aprende".

Presidiram os júris, na qualidade de juízes, a Dra. Sara Pain, o Dr. Márcio Thomaz Bastos e o procurador Luiz Francisco.

"A pedagogia é inocente. A política educacional e o sistema social é que são culpados."

Com o veredicto acima, Sara Pain inocentou a Pedagogia pelo crime de não-aprendizagens, embora a platéia de professores já tivesse se manifestado pela sua condenação.

Em páginas que seguem, pode-se ter acesso à veemente acusação que Esther Grossi fez naquele júri, secundada pelo testemunho do então deputado Walfrido Mares Guia, enfrentando a defesa do professor Luiz Carlos de Menezes, da USP.

Márcio Thomaz Bastos, como juiz do júri simulado em que a Economia era ré, proferiu o veredicto de que o "modelo econômico brasileiro alargou ainda mais o fosso social, com grave comprometimento do ensino público". Embora a defesa tenha sido bem argumentada pela deputada e ex-ministra do Planejamento, Yeda Crusius, o advogado Manoel Henrique Farias Ramos, da Confederação do Comércio de São Paulo, emocionou a platéia ao acusar a política econômica por "conspirar contra o desenvolvimento do Brasil". Associando-se à acusação, João Monlevade denunciou a distribuição incorreta dos recursos do FUNDEF e a extinção do piso salarial nacional, instituído no Governo Itamar Franco.

Luiz Francisco, do Ministério Público, condenou a Mídia, no terceiro júri da III Conferência, por omissão e conivência, porque ainda há quem não aprende. Um acalorado debate se travou entre acusação e defesa, tendo à frente da primeira a jornalista Eliane Cantanhêde e da segunda Luciano Suassuna.

Duas audiências públicas sobre Cultura contaram com o testemunho da coreógrafa Débora Colker, do músico José Pereira Junior, da maestrina Helena Herrera, do escritor Ziraldo, da atriz Lucélia Santos e do cineasta Nelson Pereira dos Santos. A partir da idéia básica de que todos eles freqüentaram escolas e tiveram professores, foram chamados à III Conferência para falar sobre as aprendizagens pelas quais passaram ao longo da vida, e que papel teve a escola nesta caminhada. Aos que afirmaram que são o que são, apesar das escolas por eles freqüentadas, eram intimados a apontar sugestões para que a escola ensine essencialidades do viver.

Por último, um debate sobre o poder simbólico do futebol, uma paixão nacional, com a participação de Lars Grael, de Roberto Liao, de Lino Mascellani Fo., de Miguel Massolo e coordenado pelo deputado Gilmar Machado.

Impossível não lembrar o lançamento do "Bauzinho", de Cândido Portinari, uma proposta fantástica para ser posta à disposição dos alunos na complementação indispensável entre cultura e educação.

O debate sobre ciclos e progressão continuada – dada a relevância que assume quando o presidente Luiz Inácio Lula da Silva afirma que "temos de reparar um erro histórico da educação em nosso País nos últimos anos. Se não é exigido nenhum teste, podemos estar formando analfabetos dentro da sala de aula" — é objeto de um outro livro, organizado pelo Geempa (Grupo de Estudos sobre Educação, Metodologia de Pesquisa e Ação), sob o título "Como areia no alicerce — Os Ciclos escolares", também publicado pela Editora Paz e Terra.

"Por que ainda há quem não aprende? — A Política" certamente surpreenderá os leitores pela riqueza dos pontos de vista enunciados no contexto de uma originalíssima roupagem: a dos júris e a das audiências públicas.

Boa leitura.
Carinhosamente,

Esther Pillar Grossi

Comissão de ducação, Cultura e Desporto - Câmara dos Deputados - Brasília - DF
Pré-Conferência e III Conferência Nacional de Educação, Cultura e Desporto
Grande júri "Por que ainda há quem não aprende?"

	02.dezembro - 2ªfeira Pré-Conferência (curso)	03.dezembro 3ª feira
Manhã	Abertura: Coral da Câmara A gênese da Teoria dos Campos Conceituais como elaboração pós-construtivista *Gérard Vergnaud* Compatibilidade entre a teoria psicanalítica e a teoria da inteligência de Piaget *Sara Pain*	O campo conceitual da matemática para as séries iniciais *Esther Grossi* *Terezinha Nunes* *Jorge Falcão* O pensamento, equivalente funcional do instinto *Sara Pain*
Tarde	O campo conceitual da alfabetização *Vera Manzanares* Como funciona a ignorância necessária? *Sara Pain*	As noções básicas da Teoria dos Campos Conceituais: situações, procedimentos, representações simbólicas e conceito *Gérard Vergnaud* Aspectos socioantropológicos e psicanalíticos da Teoria dos Campos Conceituais **Ana Luiza Rocha** **Miguel Massolo**
Noite	Passagem da psicologia cognitiva à didática *Gérard Vergnaud*	1º júri - Ré: Pedagogia Juíza: Sara Pain Advogada de defesa: Maria Helena G. Castro Advogada de acusação: Esther Grossi Testemunha de defesa: Regina Esteves Testemunha de acusação: Luiz Carlos de Menezes Jurados: Dep. Walfrido Mares Guia Juçara Dutra Vieira Siron Franco Bárbara Freitag Mary Falcão

2, 3, 4, 5 e 6 de dezembro de 2002
Local: Tenda das aprendizagens
Esplanada dos Ministérios

04.dezembro 4ª feira	05.dezembro 5ª feira	06.dezembro 6ª feira
1ª Audiência Pública Cultura Artes Plásticas: Siron Franco Música: José Pereira de Oliveira Jr, Elena Herrera Dança: Débora Colker Coordenadora: Dep. Marisa Serrano Lançamento do " Bauzinho" de Cândido Portinari **1ª Audiência Pública Desporto** Dr. Sócrates Brasileiro Lino Castellani Fº Miguel Massolo Coordenador: Gilmar Machado	**2ª Audiência Pública Cultura** Literatura: Ziraldo Alves Pinto Cinema: Nelson Pereira dos Santos Teatro: Lucélia Santos Coordenadora: Mara Regia di Perna **2ª Audiência Pública Desporto de Participação** Roberto Lião Junior Prof. Sávio Assis Prof. Jamerson Almeida Coordenador: Min. Caio Carvalho	Debate sobre ciclos Maria José Feres Lindalva Pereira Carmo Terezinha Nunes Celso Crisóstomo Coordenadora: Dep. Esther Grossi **3º júri - Ré: A Mídia** Juiz: Luiz Francisco F. de Souza Advogado de defesa: Luciano Suassuna Advogada de acusação: Eliane Cantanhêde Testemunha de defesa: Carlos Chagas Testemunha de acusação: Ricardo Noblat Jurados: Dep. Fernando Gabeira Gabriel Grossi Célio Cunha Terezinha Nunes Dr. Antônio Márcio Junqueira Lisboa
Festival do Letramento Testemunho da Sen. Marina Silva Alunos mostram seu letramento Debates entre executivos	**Oficinas sobre Letramento** Professores mostram como alfabetizam	
Entrega do Prêmio Darcy Ribeiro de Educação **2º júri - Ré: A Política Econômica** Juiz: Márcio Tomaz Bastos Advogado de defesa: Yeda Crusius Advogado de acusação: Manoel Henrique Farias Ramos Testemunha de acusação: João Monlevade Jurados: Débora Colker Dep. Gastão Vieira Mara Regia di Perna Cristina Bonner Dep. Maria Elvira Salles Ferreira	**Aula Magna** *Gérard Vergnaud*	**Encerramento da III Conferência**

O crime:
Por que ainda há quem não aprende?

Somos cento e setenta milhões de brasileiros e nossas condições de aprendizagens escolares são as piores do mundo. Ainda amargamos a convivência com mais de cinqüenta milhões de analfabetos acima de quinze anos de idade. Nossos índices de desempenho escolar, detectados pelo SAEB ou pelo ENEM, respectivamente Sistema de Avaliação da Educação Básica e Exame Nacional de Ensino Médio, do Ministério de Educação, são desalentadores.

Avaliações internacionais, como as da ONU (Organização das Nações Unidas) ou da OCDE (Organização para a Cooperação e o Desenvolvimento Econômico) revelam que ocupamos últimas posições no ranking entre as nações.

Por exemplo, pagamos o 3º pior salário do mundo para os professores e mesmo o ensino das nossas elites, em escolas particulares, também é dos piores.

Os censos escolares apontam a grave situação do atraso escolar, também denominado de distorção idade/série. Em outras palavras, mais de 41% dos estudantes do ensino fundamental não estão na série correspondente à sua idade. Esta não-aprendizagem desestimula os alunos e redunda em falta às aulas, o que compromete o acompanhamento do ritmo previsto, acarretando significativo abandono da escola ao longo do ano letivo. Como vivemos a auspiciosa constatação de que todos podem aprender, até somente com a metade do cérebro, não conseguir aprender na escola é, literalmente, um crime, quiçá hediondo, pela proporção que ocorre em nosso meio. Hediondo, também, porque a própria vítima costuma culpabilizar a si mesma, acusando-se indevidamente como a responsável pelo seu próprio fracasso.

A pedagogia como ré no júri:
POR QUE AINDA HÁ QUEM NÃO APRENDE?

Juiz: Sara Pain – professora
Advogada de acusação: Esther Grossi – Deputada Federal
Advogado de defesa: Luiz Carlos de Menezes – professor
Testemunha de defesa: Regina Esteves
Testemunha de acusação: Walfrido M. Guia – Deputado Federal
Jurados: Bárbara Freitag – professora
João Cândido Portinari – professor
Mary Falcão – professora
Juçara Dutra Vieira – professora
Veredicto: absolvida

Deputada Esther Grossi – Vamos dar início ao 1º Júri da III Conferência Nacional de Educação, Cultura e Desporto, que terá no banco dos réus a pedagogia. Antes, cumprimento o Deputado Gastão Vieira, Vice-Presidente da Comissão de Educação, Cultura e Desporto, que se faz presente.

Vamos debater, nesta conferência, o crime cometido contra os dezenove milhões de analfabetos absolutos que temos no País; os trinta e cinco milhões de analfabetos funcionais; os 40% de alunos das séries iniciais que, a cada ano, não conseguem se alfabetizar; os 41% de brasileiros do ensino fundamental, defasados nas séries que cursam em relação à idade e os 0,7% de alunos do ensino médio que aprendem o básico em cada uma das suas especialidades, de acordo com a última avaliação do ENEM.

O nosso júri irá funcionar da seguinte forma: a juíza será a Profª Sara Pain. Eu farei o papel de advogada de acusação. A testemunha de acusação seria o Prof. Luiz Carlos de Menezes. Porém, diante da triste notícia que recebemos há pouco de que a Profª Maria Helena Guimarães de Castro, representante do Ministro da Educação, não virá, o Sr. Luiz Carlos de Menezes aceitou fazer o papel da defesa. A Dra. Regina Esteves, Presidente da ONG Alfabetização Solidária, será testemunha de defesa da ré que hoje está sendo julgada. Funcionarão como jurados a Profª Bárbara Freitag, da UnB, socióloga e autora de muitos livros; o Prof. Dr. João Cândido Portinari, matemático e filho do nosso grande pintor Cândido Portinari, o que muito nos honra; a Profª Mary Falcão, de Dourados, Mato Grosso, que vem em nome da Comissão de Assuntos Educacionais do PT e a Profª Juçara Dutra Vieira, Presidente da Confederação Nacional dos Trabalhadores em Educação e o Deputado Walfrido Mares Guia, integrante da Comissão de Educação, Cultura e Desporto e ex-Presidente da II Conferência Nacional de Educação, Cultura e Desporto, que vai funcionar como testemunha de acusação. Todos vão receber cédulas de votação. Depois de ouvirem a defesa, a acusação e as testemunhas, haverá o debate dos jurados para se apurar a posição do júri em relação à ré. Cada um de vocês também vai votar. Depois, apuraremos os votos para saber se a pedagogia será condenada ou absolvida.

Neste momento, passo a palavra ao Dr. Jorge Werthein, nosso parceiro da UNESCO para a realização da III Conferência e para diversos trabalhos importantes em educação que estão sendo feitos no País.

Jorge Werthein – Quero dar as boas-vindas a todos e parabenizar a Presidente da Comissão de Educação da Câmara dos Deputados pela iniciativa deste espaço tão agradável aqui em Brasília.

Como sempre, a UNESCO é parceira da Comissão de Educação nesses encontros extremamente importantes, em que se discutem o presente e o futuro da educação brasileira. Como sabem, a UNESCO colabora nessa área muito estreitamente e, para nós, esse é um momento de aprendizagem, de reflexão e de possibilidade de aproveitarmos a presente discussão para encaminhar o trabalho que fazemos no Brasil.

Por tudo isso, sejam muito bem-vindos e muito obrigado, Sra. Presidente, por uma vez mais nos permitir ser parceiros desses encontros.

Luiz Carlos de Menezes – Conforme a Deputada Esther Grossi anunciou, estava previsto que eu atuasse como testemunha de acusação, mas, na lamentável ausência da Profª Maria Helena Castro assumo, com absoluta tranqüilidade, a função de advogado de defesa da ré. Quero mostrar que, na contradição que eu encarno, ambos os lados são igualmente verdadeiros: testemunhar a acusação do que acontece nas nossas escolas e defender a pedagogia, porque entendo que seria injustiça condená-la como teoria. Fico também à vontade nessa função por respeitar o magnífico trabalho feito pela Profª Maria Helena Castro na direção do INEP (Instituto Nacional de Estudos e Pesquisas Educacionais) durante vários anos, levantando dados que nos permitem conhecer melhor a verdade sobre a educação brasileira, defasada, sem dúvida, mas que merece ser analisada. Não fora o bom trabalho do INEP, capitaneado pela Profª Maria Helena Castro, não teríamos sequer condições de fazer a acusação que aqui se faz, e que justamente coloca a educação brasileira numa condição lamentável no quadro mundial da educação.

A pedagogia não pode ser entendida ela mesma como teoria, mas como compreensão do ser humano, porque não é simplesmente uma técnica de ensinar, trata-se, antes, de uma percepção, parte da atividade fim do ser humano, não só atividade meio, visto que o raciocínio é a marca da humanidade.

Ao se conceituar a pedagogia em geral como teoria que tem o tempo todo procurado acompanhar contraditoriamente os movimentos sociais e econômicos, não devemos confundi-la com algo que, na realidade, é a prática da antipedagogia na base escolar brasileira, majoritariamente praticada.

Quando se fala da pedagogia como ente abstrato, é muito fácil buscar atribuir ao "pensar educacional" a responsabilidade pelo que acontece na escola ou pelo que deixa de acontecer. Na realidade, a base da acusação é uma prática escolar perversa que, ao longo de todo um século, tem colocado fora da instituição de ensino, no Brasil, pelo menos a metade dos que nela ingressam, e que tem expulsado, por múltiplas repetências, uma quantidade enorme de brasileiros, os quais têm a sua cidadania cassada na escola, muitas vezes com o aval da família! Estamos cansados de ver, ao longo das últimas décadas, pessoas que dizem: "Minha mãe mesmo dizia que eu não tinha cabeça para estudar".

Em uma sociedade em que as próprias mães de alunos têm esse tipo de atitude, não é possível que continuemos a culpar a pedagogia por uma ideologia que está amplamente difundida: a de que o aluno, o estudante, o jovem ou a criança é responsável por seu insucesso, porque "não tinha cabeça para estudar". Essa é uma ideologia perversa e que tem de ser, sim, condenada, mas, como dissemos, trata-se da antipedagogia. Com toda certeza, há desvios teóricos, há insuficiências ao longo de todo o século xx, certamente avançando no século xxi e duramente presente nas nossas escolas, que, sim, carregam essa visão distorcida do ser humano, da sua capacidade de aprender, presente em todos nós, não importa a etnia, a condição social, a religião ou o que quer que seja. No entanto, é completamente injusto colocar-se a pedagogia no banco dos réus, até porque, como teoria, ela tem sido capaz de se adiantar ao movimento social e às necessidades humanas e de estar a serviço da superação de problemas e não da sua manutenção.

Se na França do começo do século xx, Freinet, ou nos Estados Unidos e em outros países de língua inglesa, Dewey e outros escola-novistas estabeleceram uma educação mais ligada à prática humana, aos fazeres, ao desenvolvimento real de competências, com uma pedagogia que se adiantava ao mundo, suprindo necessidades, não podemos, hoje, julgar aqueles valores como estando a serviço do capital ou a serviço da exploração humana. Esse julgamento equivocado feito, inclusive, por muitos educadores brasileiros, tem de ser trazido a público; caso contrário, toda essa questão de jogar sobre a pedagogia dúvidas ou suspeitas de caráter ideológico, que transcendem o pensar educacional, pode fazer-se presente novamente neste julgamento.

Não só a pedagogia tem-se adiantado, como também tem sido elemento de denúncia. Quando escola-novistas brasileiros, a exemplo de Fernando Azevedo ou Anísio Teixeira, propõem uma outra educação a serviço, de fato, do desenvolvimento nacional e da construção de uma nacionalidade, os discípulos desses grandes pensadores, como Darcy Ribeiro — certamente o principal artífice da nossa atual Lei de Diretrizes e Bases — estabelecem magníficas bases para nossa educação. Se há um símbolo da pedagogia que não está sendo praticado nas escolas brasileiras, embora devesse, é a Lei de Diretrizes e Bases da educação nacional.

Tenho a impressão de que não há no mundo um país com um documento tão avançado de orientação educacional como o Brasil. O problema não é a lei, o problema é que o País está fora da lei. O problema não é a pedagogia mas, sim, a antipedagogia que está sendo praticada nas nossas escolas.

Lamentavelmente — isso tenho de dizer também autocriticamente —, o problema não está só na base escolar, mas na própria formação de professores. Quando formamos professores, nas nossas universidades e faculdades, distantes da base escolar e da prática pedagógica, é como se formássemos pilotos sem horas de vôo ou diplomássemos médicos sem prática médica, sem "residência pedagógica". Quer dizer, a má formação de professores produz uma antipedagogia, cuja prática deve ser incriminada, e não as teorias. A pedagogia no País tem estado o tempo todo a serviço da libertação do indivíduo e contra a opressão. Talvez Paulo Freire tenha sido o ícone mais importante dessa pedagogia no Brasil que esteve lutando e batalhando do lado correto.

Ao identificar o sistema educacional como aparelho de opressão e ao buscar superar isso, Paulo Freire — mostrando que é preciso, na educação, trazer a problemática social e política como tema a ser trabalhado e que não se pode separar o conhecimento técnico, o domínio da palavra, da capacidade de pensar criticamente — chama a atenção para uma pedagogia que lamentavelmente chega muito pouco à nossa base escolar. Portanto, o que é preciso que se reveja é a prática pedagógica.

Sustento, portanto, a opinião de que seria enganoso dar à pedagogia o veredicto de culpada. No entanto, e já declarando minha condição contraditória de a um só tempo defender esse avanço significativo e contínuo dessa teoria que está ligada a uma atividade fim do ser humano, que é a educação, que não é simplesmente meio — não é produtora de mão de obra, não é produtora simplesmente da capacidade de reproduzir o *status quo*, mas de desenvolver o ser humano na sua plenitude — seria um equívoco apenar essa teoria que sempre se renova e que tem estado ao lado das humanidades e não contra elas. Por outro lado, é preciso admitir que é, sim, culpável a prática pedagógica real das nossas escolas, que começa na formação de professores, que continua nas condições perversas de trabalho em que o professor é vítima de uma situação que lhe é imposta e acaba sendo correia de transmissão num processo que cassa cidadanias, que deprime a auto-estima e que, efetivamente, deixa muitos sem aprendizado. Se há tantos que não aprendem, certamente não é por falta de teorias pedagógicas. Com toda certeza, há avanços e teorias que poderiam, sim, melhorar e implementar a escola brasileira. Por isso, afirmo que a prática equivocada é a razão pela qual a escola brasileira deixa de prestar à comunidade o serviço que verdadeiramente lhe cabe.

Portanto, não se trata apenas de dizer que não há crime. Há, sim, um crime que não aconteceu, ele ainda está acontecendo! Mas seria equivocado atribuir esse crime simplesmente a uma teoria. Da mesma forma, eu diria que não é por leis equivocadas que a educação brasileira vai mal — e vai muito mal —, mas é porque o País está fora da lei, como já disse. Se fôssemos capazes de seguir ponto a ponto o que preconiza a Lei de Diretrizes e Bases da educação nacional, nós seríamos um dos países com uma das melhores educações no mundo. Assim como não se pode julgar a lei por estar equivocada, também não é razoável, creio eu, atacar a teoria, no caso, a pedagogia.

Na linha de acusação, na publicação lida por vocês, certamente não é a pedagogia em geral e abstrata que está sendo atacada, como eu defendo, mas é uma particular linha herdeira, inicialmente, das teorias do inatismo e, finalmente, das teorias do construtivismo. Não tenho dúvidas de que essas teorias se sucedem às vezes e, não raramente, superpõemse. Tenho certeza de que uma teoria mais abrangente, mais rica e mais criativa pode, sim, trazer importantes contribuições para a modificação na escola brasileira e na escola em todo o mundo. No entanto, esse, a meu ver, não é o elemento essencial. O elemento essencial tem uma base ideológica que, de longe, transcende a teoria educacional. Ele está presente na compreensão das famílias, está presente na compreensão das escolas, está presente na compreensão das empresas e do sistema econômico, está também presente na compreensão da mídia. Não por acaso assistiremos, amanhã e depois, ao julgamento de outros dois réus, que são a mídia e a política econômica.

Assim, peço a absolvição da pedagogia enquanto teoria pois, ainda que ela possua defeitos, ainda que ela possa e deva ser aperfeiçoada, seria um equívoco aponta-la culpada. É preciso que nós todos, cidadãos, pais de família, empresários e professores, assumamos a nossa parcela de culpa e não façamos a coisa tão simples que é alçar uma teoria abstrata para ser culpada de um crime tão grave que continua sendo cometido e do qual nós todos somos cúmplices.

Essa é minha linha básica de defesa. Aguardarei o momento, em seguida, para fazer a argüição das testemunhas. Gostaria, primeiramente, de ouvir Esther Grossi que vai fazer a acusação. Muito obrigado.

Deputada Esther Grossi – Começo lamentando que algumas pessoas responsáveis pela orientação pedagógica no Brasil não estejam aqui, especialmente a Sra. Maria Helena Guimarães de Castro, representante do Ministério da Educação, defendendo a política pedagógica que vigorou por oito anos no País. É essa política que eu quero analisar aqui.

Em primeiro lugar, quero discordar da defesa do meu colega advogado de que a Lei de Diretrizes e Bases é boa e não está sendo cumprida. Logo que iniciei meu mandato, percebi que a Lei de Diretrizes e Bases, sendo a lei maior que abarcava um todo, poderia, realmente, orientar a pedagogia e a educação no Brasil e fiquei, durante muitos meses, acompanhando *pari passu* sua tramitação na Câmara e no Senado.

Essa lei já apresentava um defeito fundamental, que acusei naquela ocasião: ela não assumiu a descoberta mais fantástica do século passado, que é a de que todos podem aprender. Nela, por doze vezes, fala-se nos alunos que têm dificuldade para aprender e no que se tem de fazer para recuperá-los.

Assim, há um defeito básico na Lei de Diretrizes e Bases, justamente porque o que há de mais fantástico nas descobertas científicas, nas evidências de diversos ramos da ciência, ela não abarcou.

Por outro lado, quanto ao Plano Nacional de Educação, cuja tramitação também acompanhei, fui denunciando que ele já nascia com um defeito de origem: o plano do possível, evidenciado após tantas palestras que ouvimos aqui sobre a psicanálise e o desejo. Quando norteamos nossa vida por aquilo que é possível, não vamos longe. O Plano Nacional de Educação não garante a todos os alunos até os dezessete anos vaga no ensino médio; não garante aos alunos de até seis anos de idade uma escola infantil. Só há obrigatoriedade de garantia de acesso ao ensino fundamental. Por quê? Porque isso era o possível. Cansei de discutir com o Deputado Nelson Marchezan que, lamentavelmente, nos deixou no início do ano. Eu dizia: "Marchezan, se temos um filho que precisa de 180 ml de mamadeira, é possível dizer-lhe que temos somente 60 ml? A gente pode fazer isso com a vida?" Nossa responsabilidade é fazer, realmente, o impossível. E o Plano Nacional de Educação tem esse viés de origem.

Quanto aos parâmetros curriculares nacionais, eu também os acompanhei, por gentileza do Ministério da Educação, em cada momento de sua elaboração. Quando eles foram entregues ao Presidente Fernando Henrique Cardoso, no Palácio do Planalto, no dia 15 de outubro de 1997, também entreguei-lhe uma análise crítica dos mesmos. Depois, eu a transformei em um caderno do meu mandato e distribuí vinte mil exemplares.

Os Parâmetros Curriculares Nacionais têm um gravíssimo defeito, que encontra muitos fundamentos no que ouvimos ontem e hoje aqui: não definem uma linha teórica. Contrariamente ao que disse o meu colega advogado de defesa, os Parâmetros Curriculares pecam na teoria e possuem apenas um parágrafo dizendo que eles adotam o construtivismo. Sabemos que o construtivismo tem suas impropriedades e carências e que teríamos de passar ao pós-construtivismo, justamente com as contribuições de Gérard Vergnaud e de Sara Pain. O construtivismo está para o pós-construtivismo assim como as duas margens de um rio: sempre próximas, mas com um rio caudaloso no meio, provavelmente cheio de piranhas.

Os Parâmetros Curriculares Nacionais, num ecletismo perverso, resolvem acatar, como que democraticamente, as mais diferentes linhas teóricas. Sabemos que é impossível fazer uma mescla de inatismo, empirismo, construtivismo e pós-construtivismo, porque são incompatíveis entre si. Daí os Parâmetros Curriculares Nacionais gerarem esses resultados: porque eles são sugestões de atividades com vários dos defeitos assinalados ontem e hoje aqui, a exemplo da tal vinculação com a realidade do aluno, que é uma realidade exterior. Na matemática, eles fazem análises de gráficos devido ao fato de que os gráficos, atualmente, estão constantemente presentes nos jornais e na televisão. Por outro lado, sabemos que não é isso o que tem de mover o planejamento de um professor, mas, sim, a lógica do processo de construção de conhecimentos por parte dos alunos. Reforço que, no Brasil, o principal problema do ensino é essa lacuna na definição de uma teoria pedagógica consistente, seja ela qual for. Pior do que adotar uma teoria que já está até superada é adotar uma mistura delas, porque, aí, a inconsistência é nítida.

Continuemos a análise da política pedagógica dos oito anos de governo de Fernando Henrique Cardoso e analisemos o FUNDEF — Fundo de Desenvolvimento do Ensino Fundamental.

Tenho a satisfação de dizer que o FUNDEF nasceu de um projeto de lei que eu encaminhei antes que o Executivo mandasse um para a Câmara dos Deputados. Sendo eu Secretária de Educação de Porto Alegre, de 1989 a 1992, preocupava-me muito em saber qual era o grau de responsabilidades da Prefeitura com relação aos alunos daquele município. Tomemos como critério o que define as responsabilidades do município, do Estado e da União, a partir da idéia que o município, prioritariamente, deve-se ocupar do ensino infantil e do ensino fundamental; os Estados, por sua vez, do ensino fundamental e do médio, e a União, do ensino superior. Sabemos que todo pai que não encontra vaga para o filho tem direito de processar as autoridades responsáveis. Mas eu me perguntava: um pai que não conseguiu vaga para seu filho em uma escola de Porto Alegre — e havia muitas crianças sem vaga — vai processar quem: eu ou a Secretária de Educação do Estado? Pela lógica, onde estaria a definição disso? Pelas verbas. Porto Alegre e todos os municípios gaúchos tinham de aplicar 25% das suas verbas na educação, e o Estado do Rio Grande do Sul, por sua vez, deveria aplicar 35% de sua arrecadação de impostos no ensino fundamental e médio. Juntando todas elas, dever-se-ia cobrir a educação para todos os gaúchos de zero a dezessete anos. Esse foi o raciocínio que me levou a elaborar o projeto de um fundo que não seria só para o ensino fundamental, mas para o ensino básico. E todas essas verbas, divididas pelo número de pessoas que deveriam estar estudando no ensino infantil, fundamental e médio, davam o custo/aluno, ou seja, o que o Estado deveria dispor para gastar na educação com aqueles que devem ser os candidatos a ela. Assim, define-se quanto Porto Alegre, por exemplo, tem de responsabilidade, dividindo 25% dos seus impostos por aquele custo/aluno, e sabe-se quantos alunos Porto Alegre deve atender.

Com esse raciocínio, construímos um projeto de lei que criava um fundo de educação para toda a formação básica. A primeira coisa que fiz foi entregá-lo ao Ministério de Educação, pois sabemos o quanto a Câmara dos Deputados está atrelada ao Executivo, sem a saudável independência que deve haver entre esses Poderes.

Qual foi a minha surpresa? Após quinze dias, o Executivo enviou o projeto de lei do FUNDEF — que, por ser desse órgão, teve prioridade sobre aquele que eu havia enviado. Só que o projeto do Executivo empobrecia o projeto de minha autoria, porque excluía o ensino médio, a educação infantil, todos os brasileiros entre sete e quatorze anos não matriculados na escola e os jovens e adultos que não estudaram na idade própria. Mesmo com este empobrecimento, é melhor o FUNDEF que nada.

Entretanto, desde a criação do FUNDEF, o cálculo do custo mínimo do aluno nunca foi feito com exatidão. Ou seja, a fórmula matemática que divide as verbas pelo número de alunos deveria chegar este ano a seiscentos e oitenta reais, mas foi fixada em quatrocentos e treze reais. Esse valor vem sendo diminuído sensivelmente todos os anos. A União, portanto, desincumbe-se de ajudar vários Estados brasileiros. Com isso, os professores passam a ganhar menos, continuando a receber salários indignos. Além disso, os professores não estão podendo se capacitar cientificamente com relação às teorias e estão abandonados à própria sorte, a maioria com alunos de manhã, de tarde e de noite, não sendo possível se desincumbir da sua tarefa primordial de ensinar a todos. Os governos fazem *marketing* mostrando que melhoramos, porque tínhamos 10,7% de êxito e agora temos 10,9%. Realmente, com ausência de ambição — descumprindo a assertiva de nossa juíza Sara Pain, de que em pedagogia, ambição é um dever — o Governo se satisfaz com uma ínfima diferença de resultados. Os resultados anteriores eram péssimos, assim como péssimas todas as avaliações da qualidade do ensino no Brasil, tanto as nacionais quanto as internacionais.

Assim, não é possível se afirmar que a pedagogia adotada no País está isenta de culpa, da responsabilidade de tão poucas aprendizagens, justamente no momento em que a ciência nos demonstra que todos podem aprender — como o caso do menino argentino Nicolas, que, aos três anos de idade, teve retirada a metade direita do seu cérebro. Hoje, ele está com doze anos e suas respostas são melhores do que as de qualquer outra criança da sua idade, desmistificando completamente a idéia de que os problemas biológicos poderiam ser responsáveis por dificuldades de aprendizagem.

A sociologia e a antropologia também estão aí para nos mostrar que a famosa desculpa das famílias desestruturadas se deve ao preconceito e à confusão existentes nas funções da família e da escola, que não permitem lavarmos as mãos porque muitos alunos não aprendem. Muitas.pessoas se satisfazem com estatísticas que não chegam a 100%. Nas escolas ou nos sistemas educacionais, ouvimos dizer que os índices estão bons, com 80% dos alunos aprovados. Pergunto: se o seu filho estivesse entre os 20%, essa estatística seria boa? Como cada aluno é uma unidade absoluta e como todos podem aprender, realmente, a única estatística que pode nos satisfazer é a dos 100%. Esse é o impossível a ser atingido. Só com muita invenção e com a ética de um desejo determinado poderemos chegar lá.

Por isso, apelo para os jurados a fim de que condenem essa pedagogia.

Regina Esteves – Inicialmente, agradeço à professora Esther pelo convite, parabenizando-a pela forma dinâmica com a qual nos tem levado a refletir sobre os métodos e as práticas pedagógicas, inclusive fazendo-nos pensar mais sobre essa questão como educadores.

A ausência da professora Helena já foi comentada, e não estou aqui como representante do Ministério da Educação mas, sim, como testemunha de uma entidade do terceiro setor que, ao longo de seis anos, tem contado com o apoio muito grande das instituições universitárias levando à reflexão, principalmente, exemplos práticos e pedagógicos em municípios detentores das mais altas taxas de analfabetismo no País, principalmente nas regiões Norte e Nordeste, onde a realidade é bastante diferente da região Centro-Oeste, por exemplo.

Minha fala representa, também, quase um testemunho em defesa da pedagogia — parceira na caminhada rumo à reflexão — para que possamos oferecer oportunidades aos jovens e adultos ainda não alfabetizados. Mesmo que a Constituição garanta o direito ao ensino fundamental, ela ainda não permite o acesso de todos os jovens e adultos a esse ensino. Nesse sentido, dou meu testemunho de apoio à parceria da pedagogia, esperando que esse elo seja fortalecido e, destarte, a educação, que por lei é um direito de todos os cidadãos, faça-se efetivamente presente na sociedade brasileira.

Por que a pedagogia deveria ser condenada? É verdadeira a afirmação de que ainda há quem não aprendeu. Essa afirmação, contudo, é muito frágil para condená-la. Em primeiro lugar, sua condenação seria semelhante a fechar os hospitais porque ainda há quem sofra e morra. Evidentemente, há bons e maus médicos; avanços e limitações científicas, mas, nem por isso, devemos cerrar as portas dos hospitais ou condenar a medicina. Assim acontece com a pedagogia. A sua existência em si não é prerrogativa do seu fracasso. Por outro lado, há de se inquirir sobre os problemas do aprendizado que persistem. Esse, no entanto, já é um segundo nível de discussão. Ou seja, a pedagogia, sendo absolvida do crime pelo qual não é culpada, deve, a despeito da sua absolvição, ser objeto de análise e transformação, posto que ela está atrelada à sociedade, cuja característica que nos interessa destacar é o seu movimento constante. Assim, também a pedagogia deve ser vista como algo em movimento e, portanto, transformações são inerentes a ela.

Quando iniciamos o trabalho no Programa Alfabetização Solidária, por exemplo, tínhamos a determinação de não delinear nenhum caminho pedagógico a ser trilhado, porque as parcerias com as universidades eram a garantia de que os métodos e teorias pedagógicas estavam sendo aplicados por quem melhor poderia fazê-lo. A diversidade marcou esse primeiro momento. Entretanto, o tempo — e daí a sua característica de movimento — encarregou-se de mostrar-nos que, depois da experiência adquirida, havia a necessidade de uma sistematização mínima que tivesse o desafio de ser, por um lado, restrita o suficiente para delinear o perfil do tipo de aluno que queríamos formar e, por outro, abrangente o suficiente para abarcar a enorme gama de possibilidades metodológicas e teóricas, aspectos que se inseriam na categoria de como formar.

Dessa necessidade nasceram os princípios norteadores para a proposta política e pedagógica do programa, elaborada pela política das universidades parceiras e aprovada, posteriormente, pelas demais instituições.

Esse é apenas um exemplo de como a flexibilidade pode ser utilizada a favor da pedagogia. É claro que a improvisação faz parte da nossa história pedagógica. É cabível a pergunta latente já elaborada por grandes pensadores: quem educa o educador? Limitações desse tipo, contudo, vêm sofrendo alterações substanciais com medidas que visam o aperfeiçoamento do docente. A própria discussão sobre educação, que já ganhou consistência e dimensão profundas nos últimos anos, prenuncia que a pedagogia está viva e pronta para servir aos alunos, aos educadores e à sociedade, e não o contrário. Assim, texto e contexto vêm sendo articulados e o "conteudismo" tem dado lugar à flexibilidade requerida.

Também devemos examinar o assunto sob um outro ponto de vista. A pedagogia não deve ser vista em si, mas como um elemento desencadeador. Ela não pode ser encarada apenas como um produto, como uma aquisição pura e simples de novos conhecimentos. Temos outros mecanismos hoje, com tecnologias avançadas, que nos permitem ter acesso a todo o tipo de informação, quase em tempo real. Portanto, a educação deve ser vista como um processo que se vale dessas novas tecnologias para a aquisição de conhecimentos. Mas, fundamentalmente, deve ser um processo formador que permita a abertura de possibilidades, ou seja, um processo que ensine a aprender. Daí, temos que a pedagogia não pode ser ré, pois seria condenar com ela o próprio conhecimento e as possibilidades que dele podem advir. Sua prática é construída nos cotidianos da sala de aula, mas seu alcance é carregado por toda a vida. Condenar a pedagogia, portanto, é limitar-se a ver os frutos a curtíssimo prazo, sem perceber que sua condenação seria a morte para os impactos de médio e longo prazo, impactos esses que tornam a educação um processo perene. Não existe um tempo para aprender e um tempo para desfrutar. São ações simultâneas e "retroalimentadoras", o que permite o desabrochar do sujeito como indivíduo e como cidadão, capaz de intervir na história para além dos limites imediatamente utilitários.

É muito recente outra discussão que vem incorporar-se na dimensão pedagógica: o papel da avaliação. Se antes a sua função primordial era a de mensurar os conhecimentos adquiridos, hoje ela vem sendo conceituada e aplicada de maneira a permitir um acompanhamento, tanto da aquisição de conhecimentos quanto dos seus significados para a vida. A avaliação, vista por esse ângulo, permitiu que a pedagogia fosse revigorada e, a despeito de haver pessoas que não aprendem, é possível intervir em pontos nevrálgicos e refletir sobre eles, inserindo, na prática, o fruto dessas reflexões.

A pedagogia, portanto, não se esgota mais no seu âmbito. Ela é parte vibrante do contexto social no qual se insere. Um exemplo de como isso vem ocorrendo é a própria educação de jovens e adultos. Percebida em outros tempos como mecanismo pedagógico compensatório, hoje ela tem a capacidade de buscar a eqüidade social, constituindo-se no direito de cada cidadão. Se o seu alcance é esse, não podemos então restringir a análise da pedagogia e colocá-la como ré, tal qual um filho bastardo da sociedade. Ela é parte constitutiva dessa sociedade e, se há falhas, a solução não é condenar o remédio. É preciso discutir que tipo de sociedade se deseja. A unesco oferece algumas pistas sobre como a educação pode ajudar a construir uma sociedade mais equilibrada e humanamente mais justa. É evidente que apenas a educação não vai mudar o mundo, mas sem ela não haverá mudanças substantivas de profundidade e impacto duradouros. Elas são, entre outros, os princípios que a unesco vê como fundamentais à educação na sociedade. É evidente que entre eles há aspectos concernentes à pedagogia e, portanto, condená-la seria condenar as possibilidades de transformação inerentes a ela.

Chico Mendes disse uma vez que cem homens sem instrução faziam uma rebelião, mas que um homem instruído era o começo de um movimento. Ora, instrução aqui tem o caráter pedagógico inegável. Se há flagrantes equívocos na educação, como a distorção de métodos e teorias, a não adequação à realidade e tempo específicos — como se a pedagogia pudesse ser atemporal — há também avanços. Não há, por isso, nenhum argumento seguro para a sua condenação, mas, ao contrário, elementos que fortalecem a crença de que ela pode ser a protagonista de grandes transformações fomentadas em seu bojo e alimentadas por sujeitos que interagem com o conhecimento e não são mais receptáculos vazios nos quais se depositam informações. Devemos, portanto, ter confiança nisso para que não sejamos, justamente nós, responsáveis pela educação, os condenadores da nossa pedagogia.

Deputado Walfrido Mares Guia – Tenho aqui a missão de acusar. Preferiria estar no júri para julgar, mas a professora Esther Grossi me deu o referido encargo. Como não tenho a prática de acusação por si só ou da defesa por si só, vou me ater aos documentos que tenho em mãos para tentar criar uma lógica.

Está aqui escrito: *"O crime. Como vivemos. Há auspiciosa constatação de que todos podem aprender."* Ninguém dúvida disso. O Princípio de Luria diz que qualquer criança que fala adequadamente ao nível da sua idade aprende a ler, a escrever, desenvolve a capacidade para a música, a matemática e a abstração. Então, se a criança não aprende é porque quem ensina não sabe ensinar.

Em primeiro lugar, antes de acusar alguém, qualquer que seja o culpado, este não é o aluno. Não é possível haver no País tantos jovens culpados para chegarmos a esses índices. Esses números não são de quatro ou oito anos atrás, são antigos. Em 1988, o Professor Sérgio Costa Ribeiro, que antecedeu quase uma década o trabalho do SAEB (Sistema Nacional de Avaliação da Educação Básica), apresentou notável trabalho no Instituto de Estudos Avançados, da USP, retratando a vergonha e a mentira da estatística nacional e mostrando que metade dos alunos que abandonava a escola, o fazia não por mera desistência, como afirmavam as estatísticas oficiais, mas porque não aprendiam e repetiam o ano. Por vinte anos, as estatísticas oficiais mentiram ao estampar o problema como desistência escolar. Por isso, ampliaram o Programa de Merenda Escolar, com a idéia de que alimentando melhor os alunos eles poderiam aprender mais e desistir menos. Mas eles não desistiam *a priori*, eles desistiam depois de tomar, em média, três ou quatro repetências.

Sérgio Costa Ribeiro mostrou em seu trabalho "Pedagogia da Repetência" — notável trabalho, que todos deveriam ler para melhor conhecimento — que o aluno abandonava a escola entre treze anos e meio e quatorze anos e meio de idade, depois de ter, em média, repetido o ano por quatro vezes, sobretudo os pobres, que faziam qualquer sacrifício para manter o filho na escola e respeitavam, acima de tudo, o professor. Essa história de o sistema educacional não cumprir o seu dever é antiga. Honestamente, para ser muito preciso com minha consciência, não sei se a pedagogia é, de fato, culpada para ser incriminada, presa e mandada para detrás das grades. Chamo a pedagogia de prática, porque não sou pedagogo, mas tenho experiência em educação: fui professor por vinte e cinco anos, há quarenta anos milito em prol do ensino e fui Secretário da Educação de Minas Gerais por oito anos.

Partindo da premissa de que todo aluno aprende, os dados de milhões de analfabetos, de milhões de alunos expulsos da escola são incontestáveis. Isso aconteceu porque a escola não cumpriu com o seu papel. Lembro os dados de 1989, que são piores do que os atuais. Sérgio Costa Ribeiro dizia que, de cada cem alunos com sete anos de idade, na primeira série do ensino fundamental — naquela época chamava-se ensino de 1º grau — apenas três chegavam a se formar após oito anos, sem nenhuma repetência. Somente 3% do total de alunos no País, somados aqui, inclusive, os alunos em escola particular. Portanto, não temos de separar a escola pública da escola particular. De cada cem alunos, repito, apenas três chegavam a se formar após oito anos, sem nenhuma repetência. Considerando-se quem se formava, com uma repetência, nove anos depois, com duas repetências dez anos depois, com três, quatro e cinco repetências, chegava-se a trinta e nove alunos.

Tínhamos um sistema educacional feito para repetir e não para promover; feito para fabricar o fracasso e não o êxito, porque dizia ao aluno: *"você é incompetente, volte para casa e retorne no ano que vem para repetir, porque aí você vai aprender"*. E nós, educadores, protagonizamos essa cena inconseqüente, medida apenas por nossas boas intenções.

Falo assim, porque também disso me acuso. Quando comecei a dar aulas, aos dezenove anos de idade, eu cursava o segundo ano da Faculdade de Engenharia. Não fiz pedagogia, mas estudei no melhor colégio de Belo Horizonte, o Colégio Estadual, no qual, para se entrar, tinha-se de disputar a vaga com cento e trinta a cento e quarenta candidatos. E quem estudava lá não era o filho do pobre nem o filho do trabalhador, era o filho da classe média, o filho de juiz, de médico, enfim, filho da sociedade dominante, filho da elite. Meu pai era médico e entrei para o Colégio Estadual aos treze anos, porque entrei na terceira série do antigo primário. Foi o vestibular mais difícil da minha vida, porque eram quatrocentos e sessenta candidatos para seis vagas. Eu achava o seguinte: estou aqui na catedral, e uma das coisas mais difíceis que fiz na minha vida foi esse exame. E quando entrei lá eu era o melhor aluno do colégio católico de onde vim, mas passei a ser o pior aluno da minha sala. Aula de inglês era dada em inglês; aula de francês era dada em francês; aula de matemática era uma coisa de doido, era tudo dificílimo — 90% dos alunos tinham aula particular o dia inteiro e, de cada vinte e dois que começavam na quinta série, quatro se formavam no 3º ano científico. Era um massacre de aperto, de "paudagogia" para ver quem chegava lá, no 3º ano. Dessa forma, aqueles que sobreviviam passavam nos primeiros lugares, e eu fui o segundo lugar da Escola de Engenharia da UFMG.

Eu tinha tanta certeza de que ia passar que minha preocupação era qual seria minha colocação. Então, passei a dar aulas no Colégio Arnaldo, um colégio de padres alemães, e fiz com meus alunos exatamente o que meus professores fizeram comigo.

Nessa ocasião, um padre, cujo apelido Mamão, devido à sua barriga protuberante — ele usava uma batina clara, e aí parecia um mamãozinho mesmo — virou-se para mim e falou: *"Professor, o senhor tem um desvio"*. Eu estava com vinte anos, nunca tinha entrado numa sala de pedagogia; era aluno de Escola de Engenharia, monitor de cálculo e dava aula de matemática. *"O senhor tem uma deformação"*. Eu perguntei-lhe qual era. Ele respondeu: *"O senhor começa corrigindo a prova dizendo ao aluno que ele tem dez na prova, e o senhor nem começou a corrigir, mas ele tem dez. Aí o senhor vai tirando pontos nas questões que ele vai errando e, de repente, o aluno pode ter menos seis. O senhor devia jogar esse critério fora e começar a dizer o seguinte: "você tem zero porque eu ainda não li nada. Agora, na medida em que você mostrar para mim que sabe alguma coisa, eu vou lhe dando pontos"*.

Aí eu comecei a corrigir as provas com os dois critérios e as notas passaram a variar de um e dois para sete, oito. Porque, em vez de valorizar o erro, eu comecei a valorizar o acerto, o que o aluno era capaz de aprender.

Eu também pegava um problema de pé de página, que nem eu mesmo sabia resolver quando tinha a idade dos alunos, e dava a prova parcial para eles, que valia quatro pontos em dez. E assim foi uma geração inteira valorizando o professor pela quantidade de "bombas" que ele dava, pelo grau de exigência exacerbada que ele adotava. Para quem tem estrutura familiar, biblioteca ou pode pagar professor particular é uma guerra de mérito. Mas acontece que isso representa apenas 1% ou 2% da população. O restante, mais de 90% dos alunos espalhados em cinco mil e quinhentos municípios, em milhares de escolas, cujas famílias não têm, às vezes, nem lugar para colocar o livro didático que o filho recebe – quanto mais uma biblioteca – a eles temos obrigação de ensinar. Nesse ponto não vale a desculpa, porque países mais pobres do que o nosso fizeram isso muito melhor do que nós. Pode-se dizer que o salário é ruim; isso sim, nós temos que lutar para melhorar o tempo todo. A escola era mal administrada, os políticos interferiam com clientelismo, o livro didático chegava atrasado e nós fazíamos um vôo cego, porque não havia avaliação.

O Prof. Luiz Menezes falou aqui que a avaliação no Brasil era um pecado mortal. Em 1991, eu implementei a avaliação universal em seis mil e quinhentas escolas de Minas Gerais. Quase apanhei na rua, porque íamos medir a febre. Não tem que quebrar o termômetro porque ele acusa febre. Temos de ter humildade para ver qual o tamanho da febre, procurar a causa, tratá-la e não esconder a medida. Quando implantei o sistema de avaliação, com a ajuda do Prof. Eraldo Marelin Viana – avaliação universal para todas as escolas e não amostral, para que a Secretaria tivesse pleno conhecimento – eu queria que a diretora, a supervisora, a orientadora, a pedagoga, os professores e o Colegiado de Pais — porque este tinha poder deliberativo acima do Secretário e que lhe conferia o direito, até mesmo, para tirar um professor e um diretor da escola — compartilhassem das boas e das más notícias. E como as más notícias eram maiores do que as boas, tínhamos de planejar a melhoria, porque qualidade é melhorar a vida inteira, melhorar cada vez mais, mas sempre a partir do ponto em que se está, além de não estabelecer parâmetros: esta escola é cinco estrelas, esta é meia estrela quebrada. Não. Esta é uma e vai melhorar em relação à de cinco estrelas. Esta é outra e vai melhorar em relação à de cinco estrelas. E não ter um padrão porque não existe aluno padrão, professor padrão ou diretor padrão. Pode-se ter formas distintas de liderança, formas distintas de entregar o currículo, formas distintas de recorrer ao aluno. Mas a prática que nossa escola faz desconhece o direito de cidadão do aluno, porque "queima seu fuzil" e não mantém alimentada a sua auto-estima.

O Prof. Içami Tiba já cansou de explicar para todos neste Brasil que o que rege a vida neste mundo é a auto-estima, e o que alimenta a auto-estima é o afeto. Se não colocarmos afeto na sala de aula, não ensinaremos nada a ninguém. Então, não adianta somente a pedagogia, se não existir afeto, justiça e solidariedade.

Estou entendendo que o que a Deputada Esther Grossi quer é a prática do que ela chama de pedagogia no dia-a-dia. Nós não estamos agindo assim quando mandamos o aluno para casa na vista dos outros. Se ele está ruim, vai para casa e volta no ano que vem. Já entrei em sala de aula e, ao pegar o caderno de um menino para olhar, a professora disse: *"Não, Secretário, não pega desse não, porque ele é fraco"*. Isso é verdade, pela felicidade dos meus filhos. Aí peguei o caderno do menino, como se não tivesse ouvido, e disse: *"Mas que letra bonita, meu filho! Que caderno bem arrumado!"* Fui folheando, enchendo o menino de elogios. E os outros olhando. Então, tirei a caneta e lhe perguntei o nome da sua mãe e escrevi: *"Para Sra. Fulana de Tal: parabéns pela atenção que a senhora está dando a seu filho. A letra dele é muito boa, o caderno é muito bonito. Assinado: Secretário Walfrido Mares Guia"*.

Quando saí da sala, falei para a professora: *"Não dou um soco na senhora aqui, agora, porque não posso, senão eu estaria fazendo a mesma coisa que a senhora fez com o menino"*. Mas a senhora cicatrizou o coração dele na vista de todos os colegas, ao dizer que ele é ruim, fraco e não sabe nada. A senhora é que não está sabendo ensiná-lo a ser forte e atuar na sua auto-estima.

E o nosso sistema educacional faz isso todos os dias. Devemos estar atentos para esse ponto e não ficar satisfeitos com os cursos que fizemos, com as teorias e os discursos que ouvimos. Temos também a prática de colocar a culpa nos políticos: o Secretário é incompetente; o Governador é incompetente; não têm dinheiro para educação, não consertam o livro, não melhoram o salário. Mas lá na sala de aula, havia gente que fazia bem feito e gente que fazia mal feito. Na mesma escola, na mesma série, com o mesmo tipo de aluno, havia os que aprendiam e outros que não aprendiam. Por que? Na sala de aula, a pedagogia era a mesma, o livro didático era o mesmo, a avaliação era a mesma, mas encontrávamos suas particularidade.

Agora, quando se trata de um sistema de milhares de escolas, tem de haver a responsabilização do coletivo. Podemos ter um professor que possui até condições técnicas para passar em um concurso, mas não sabemos se ele pode ser um bom educador. Portanto, é preciso haver um aparato mínimo para ele na escola. Alguém tem que chegar perto dele e falar: *"Em vez de você começar de dez e ir tirando, comece de zero e vá valorizando. Preste atenção na pessoa, olhe o aluno, mostre afeto por ele, trate-o como gente, chame-o pelo nome, procure chamar a família dele aqui se a coisa estiver difícil"*. Essa prática não tem existido. E não basta culpar só o professor, quando a maioria dos professores que fazem a alfabetização são de ensino médio. É muito recente a Lei de Diretrizes e Bases que exige, a partir de 2007, a formação universitária, e essa exigência não garante que se obtenham bons resultados, porque a teoria pode ser uma coisa e a prática, outra.

Sinto a indignação da Deputada Esther Grossi quando ela vê esses números, porque também fico indignado. Meu discurso era esse o tempo todo. Diante de uma platéia cheia de pais eu perguntava: *"quem paga imposto aqui?"* Ninguém levantava a mão. A imensa maioria é pobre. O trabalhador ganha menos que mil reais e, portanto, não paga imposto na fonte. Eu argumentava: *"não é possível que ninguém compre arroz, feijão, leite, remédio, roupa, sapato"*. Aí todo mundo levantava a mão. Eu dizia: *"então, todos vocês pagam impostos"*. Porque o que conta para o Estado não é o Imposto de Renda e, sim, o ICMS que, em Minas Gerais, é responsável por 89% da receita do Estado. O que o Governo Federal manda para lá de Imposto de Renda Pessoa Física e Pessoa Jurídica, PIS, CONFINS etc. responde por menos de 10%. E os alunos são dos Estados e dos Municípios e não da União, com exceção dos alunos do 3º grau. E o dinheiro está lá e eles pagam. Portanto, eu dizia: *"Vocês são donos da escola. Por que vocês aceitam que seus filhos sejam reprovados? Por que vocês não fazem greve ou passeata ao invés de ficarem inertes? Por que vocês não vão lá na escola cobrar que ela funcione?"*

E, do lado de cá, nós temos que dar as condições da oferta: treinar o professor, colocar equipamento em sala de aula, dar vigor à administração da escola, escolher diretor ou diretora da escola por mérito. Eu, modéstia à parte, posso falar isto aqui, porque ganhamos o prêmio da UNICE por termos criado o mérito dobrado. Para ser diretor de uma escola, a pessoa, primeiro, tinha que fazer prova para mostrar competência e conhecimento; depois, tinha que ser eleita pela comunidade. Em todas as seis mil e quinhentas escolas foi feito assim. Em nenhuma delas foi indicado um diretor. O então Governador do Estado, Hélio Garcia, teve a grandeza de abrir mão de nomear seis mil pessoas, no clientelismo, para criar um critério transparente e justo baseado em mérito e liderança, e com mandato, de tal maneira que ninguém tirasse a diretora. Isso já acabou. Não tem mais mérito, porque interessa ao esquema corporativo a manipulação. E na hora em que se acaba com a manipulação, dá-se poder ao colegiado. Os pais se apresentam, cobram o resultado, apresentam a avaliação e o resultado aparece. A aprendizagem melhora realmente na hora em que compartilhamos as responsabilidades.

Acredito no seguinte: temos de condenar o sistema, absolver os alunos, as famílias dos trabalhadores e dos milhões de alunos que estão na escola brasileira. No Brasil, há trinta e seis milhões de estudantes matriculados no ensino fundamental quando deveríamos ter vinte e cinco milhões — oito anos multiplicado por 3,2 milhões, que é a quantidade de uma coorte. Mas temos trinta e seis milhões. Por quê? Porque temos quase onze milhões de repetentes. Um sistema que produz onze milhões de repetentes num ciclo de oito anos tem de ser encarcerado, condenado. Por isso, peço a condenação dessa prática.

Deputada Esther Grossi – Gostei muito da acusação. Agora vamos passar a palavra aos jurados, que ouviram a defesa e a acusação e, agora, disporão, cada um, de dez minutos para se manifestar, condenando ou absolvendo a pedagogia.

Com a palavra a Prof. Bárbara Freitag.

Bárbara Freitag – Boa noite. É difícil realmente entrar numa reflexão que deve chegar a um julgamento qualquer depois de uma fala tão entusiasmada do nosso Deputado e ex-Secretário. De fato, vai ser difícil voltarmos à reflexão, e não é à-toa que a Deputada Esther Grossi me tenha lançado esse desafio. Vamos ver o que os pensadores da educação pedagógica, digamos também política e institucional, terão a dizer.

Eu queria fazer algumas ponderações. Nem a acusação nem a defesa deixaram claro se a pedagogia é uma teoria ou uma prática ou, ainda, se é mistura das duas coisas.

Então, eu pediria aos meus colegas jurados que reflitamos sobre essa possibilidade de vermos um fundo teórico que certamente precisa se inspirar na grande filosofia, de Platão a Kant, de Kant a Hegel, de Hegel a Bordieu, para pensarmos a questão pedagógica como uma teoria que oriente uma prática.

Precisamos de uma boa teoria, assim como precisamos do plano de uma casa para construí-la de maneira correta. Essa é uma das primeiras questões que gostaria de apresentar aos meus colegas jurados, os quais depois se pronunciarão de outra maneira.

Há uma segunda questão. Gostaria de fazer uma retrospectiva histórica, não vou falar dela, mas lembrar o problema da ausência de pedagogia. Toda história da educação brasileira é quase que a de uma morte anunciada. Gostaria de lembrar a expulsão dos jesuítas do Brasil. Eles tinham uma ideologia pedagógica e sua expulsão do País, em 1759, significou um vazio no âmbito educacional de muito difícil preenchimento posterior.

Não adianta colocarmos a pedagogia na cadeia, porque se a prendermos não teremos um ensino melhor. Precisamos reformulá-la e, nesse ponto, eu estou com a acusação. Há uma frase de Celso Furtado muito importante: *"Não se muda o pneu de um carro com o carro andando"*. É quase impossível fazer esse tipo de mudança, mas em um encontro como este, em que vimos que furou o pneu, vamos pensar, votar uma orientação pedagógica unificada e mantê-la por algum tempo, evitando, destarte, que se faça uma "colcha de retalhos pedagógica", que apenas deixa confuso o professor.

Esta é uma terceira reflexão que gostaria de introduzir. Devolvo um pouco a bola ao nosso Deputado. Os filósofos, os teóricos, os práticos, tendo chegado a um mini-consenso de qual teoria pedagógica e qual prática pedagógica podem e devem ser seguidas, precisariam votar leis unívocas, nesta Câmara dos Deputados e neste Congresso Nacional, que não deixem mil interpretações possíveis. Precisamos de uma orientação legislativa, uma normatização mínima, mas que esteja informada.

Vou terminar com uma experiência pedagógica para a qual Esther Grossi me convidou, no Rio Grande do Sul, em que também esteve presente Emilia Ferreiro, que comentou comigo: *"Bárbara, eu nunca vi um país que tenha tanto estudo pedagógico, tanto estudo sociológico e tanto estudo psicológico sobre a questão educacional"*. Todo o mundo fala o tempo todo da necessidade de reformas. E onde mais se fala, menos acontece de fato.

Lembrei-me de uma entrevista que fiz com Marco Maciel, na época Ministro da Educação, hoje nosso vice-Presidente, que disse assim: *"Bárbara, vemos que você não é bem brasileira; você ainda tem uma herança européia muito forte"*. No Brasil, a questão é a seguinte, existem leis que "pegam" e leis que "não pegam". Existem mais leis que "não pegam" e caberia a nós, envolvidos na questão pedagógica — eu também sou professora, completei trinta anos de docência na Universidade de Brasília — nos envolvermos para que as boas leis que regulamentam a vida escolar e os currículos nas salas de aula, que regulamentam a vida e o pagamento do professor, sejam boas; que sejam leis que se façam cumprir e não fiquem em meias palavras.

Deputada Esther Grossi – Com a palavra a Profª Juçara Vieira.

Juçara Dutra Vieira – Boa noite a todos. Em primeiro lugar, gostaria de saudar a professora e Deputada Esther Grossi pela iniciativa desse debate tão criativo, a partir da própria ambientação, sobre uma questão que deve ser também a mais criativa, a educação no Brasil.

Tomando como referência a intervenção inicial do advogado de defesa, que precisou fazer uma ginástica para tanto, queria abordar sua primeira consideração. Nós estamos falando em pedagogia e não podemos falar abstratamente. Quero definir o que entendo como sendo substantivo abstrato. Por exemplo, a palavra beleza. Onde ela existe? Onde ela é palpável? É palpável no rosto da criança ou nas rugas que vamos criando ao longo do tempo. Essa é a beleza, é como eu a vejo, porque a beleza só pode ser vista acoplada a um ser ou a um objeto.

Assim é com a pedagogia. Como nós vamos vê-la? Vamos vê-la e examiná-la à luz do projeto de educação que temos para este País. Se nós a examinarmos sob a ótica das classes dirigentes, com o projeto que têm para o Brasil, vamos verificar que a pedagogia está sendo reduzida no seu sentido, na sua expressão e na sua potencialidade. Mas nós podemos também tratá-la acoplada aos sujeitos que a exercitam. Vou começar com o aluno, com o estudante.

Nós vivemos um período em que, felizmente, os estudantes não são mais aqueles como os da nossa geração. Graças a Deus, eles são diferentes. É uma geração que não aprende do modo cartesiano como nós aprendemos. Hoje, os estudantes aprendem de forma diferente; aprendem de modo muito mais interativo: lendo, ouvindo, vendo. Esta é a geração que está nas nossas escolas; é uma geração muito mais informada do que nós. Mas também é a geração do Big Brother que, para mim, é uma das sínteses da cultura neoliberal. Esta é a geração que está nas nossas escolas, estimulada todos os dias para a competição, para o individualismo, sem referência de debates. Geração para a qual tem importância falar do campeonato brasileiro de futebol, porque não lhes demos as condições de refletir, como é legítimo à natureza humana. É esse o estudante, o aluno que está nas nossas escolas. Quem é o educador que está nas nossas escolas?

Eu não quero ser corporativa iniciando pelo salário, embora eu ache que meio salário não justifica meio profissional, mas sem salário é muito difícil ser bom profissional.

Quero começar com a questão da formação, porque estudei nos anos 1970 e saí da universidade achando que sabia alguma coisa, com as gavetinhas nos lugares, abrindo a gavetinha da análise sintática, fechando a gavetinha da morfologia. Fui à escola e achava que poderia exercer minha função adequadamente, devido à formação que havia recebido na universidade. Aos poucos fui verificando que isso não era possível, porque fazíamos uma transferência da ciência para o nosso fazer na escola e na sala de aula. Ao longo do tempo, entretanto, não fomos apenas comprovando essas insuficiências, como fomos sendo, por muitas limitações, expropriados, inclusive daquilo que nós tínhamos como uma das garantias para o nosso trabalho: os procedimentos didáticos na escola.

Eu sou da geração do flanelógrafo e do cartaz de prego — vocês nunca ouviram falar? Pois bem, nem isso nós temos mais, porque mudou a nossa relação com o conhecimento. Hoje temos de fazer esse debate da nossa relação com o conhecimento, com o nosso fazer dentro da escola. Como isso mudou e — porque não tivemos política séria de informação, políticas responsáveis, porque a formação é responsabilidade individual e cada um tem de procurar a sua e da melhor forma — não conseguimos vencer esse obstáculo, hoje, nós precisamos tratar muito seriamente essa questão, responsável igualmente pela auto-estima da nossa categoria de trabalhadores em educação, professores especialmente, mas também funcionários de escola.

Uma sólida formação inicial, uma formação permanente, isto é, contínua e atualizada, são demandas impostergáveis que precisamos atender, sob pena de estarmos nas escolas dependentes dos PCN's (Parâmetros Curriculares Nacionais), dos livros didáticos. Vamos precisar desses instrumentos que deveriam ser usados e vistos como sugestão, mas acabam se incorporando à nossa prática, porque não temos condições de planejar e de estudar na escola e fora dela para produzir coletivamente.

A nossa prática é a de dar um ar de modernidade, por exemplo, aos PCN's com os conteúdos tangenciais. Diziam-me que eram transversais, mas comecei a examiná-los e achei que o conteúdo relacionado ao gênero, por exemplo, apenas tangencia os comportamentos dentro da escola. Se tivermos uma bola para dividir entre as meninas e os meninos na hora do recreio, nós, com a nossa secular cultura, vamos entregá-la aos meninos, porque eles são mais agitados, enquanto elas vão brincar de roda.

A nossa prática, a fisionomia da escola continua a mesma, mas está lá o conteúdo e a educação ambiental. Até hoje na escola não superamos o papel de uma funcionária, de uma servente que, todos os dias, limpa os mesmos lugares e não pode passar a ser uma funcionária, por exemplo, que planta flores na escola. Já acumulamos um nível suficiente de cultura que não nos permite jogar papel todos os dias no mesmo lugar, para ter o mesmo funcionário para limpar.

Então, precisamos avaliar essas condições pedagógicas. Temos de analisar não só contextualizando a política educacional, mas também os atores que são essenciais a esse processo.

Uma avaliação de resultado previsível vai dizer-me todos os anos que eu não emagreci, que continuei comendo demais e caminhando de menos. Agora, se essa avaliação se der no processo, é possível que eu me corrija e tenha outros hábitos alimentares e possa, finalmente, chegar ao final do ano sem o excesso de peso de que ninguém gosta.

Ao tratarmos a avaliação baseando-nos no diagnóstico, como o fez um de nossos advogados, chega-se à conclusão que a pedagogia supre nossas necessidades educacionais. O diagnóstico poderá ser uma grande contribuição, desde que se altere a realidade educacional neste País para atender o direito de todos à educação.

Infelizmente, há muita gente que não aprende. Isso é responsabilidade da política oficial, dos sistemas e também nossa como sujeitos envolvidos. Precisamos fazer muita autocrítica.

Neste tempo histórico, meu veredicto com relação à pedagogia é a de que realmente ela é muito responsável pelos problemas que nós e nossos alunos atravessamos.

Deputada Esther Grossi – Passo a palavra à Profª Mary Falcão.

Mary Falcão – Boa noite a todos. Gostaria de parabenizar a professora, Deputada Esther Grossi, por nos proporcionar este momento para refletirmos seriamente.

Vou retornar um pouco à fala dos que me antecederam e fazer uma reflexão. Será que, ao condenarmos a pedagogia, da forma como o tema está sendo abordado, vamos conseguir resolver as questões do cotidiano escolar? Será que, se descontextualizarmos a pedagogia de uma política econômica e social, vamos conseguir fazer esse veredicto de uma forma tão simples assim?

Na mesma linha que estamos enfocando, penso que existem questões sérias no nosso cotidiano escolar que não foram simplesmente construídas pela prática pedagógica, nem foi o professor, na sua relação de sala de aula, quem as alimentou.

Como a Juçara observou, existem questões sérias na alfabetização e na avaliação. Mas será que isso está na relação privada? Será que é o indivíduo que constrói unilateralmente essas políticas e depois as vivencia?

Fazendo uma reflexão, ao seguir a linha histórica, vamos ver que existe todo um compromisso de ausência de políticas educacionais voltadas para o atendimento daquelas crianças historicamente alijadas de todo o processo. Nós, como educadores, também somos alijados desse processo na nossa formação.

Essa política não é construída individualmente, mas é uma política global, que está dizendo para nós que a criança tem de aprender, que ela tem parâmetros para isso e que é importante que seja financiado só o ensino dos sete aos catorze anos. O restante não tem importância. Hoje vivemos uma política que expropria o direito ao conhecimento, que impede a própria construção da cidadania.

Não podemos fazer uma análise isolada da pedagogia. Entendo-a como uma práxis social, não descontextualizada. Se tivermos essa leitura, vamos trazer a julgamento, nesse mesmo contexto, as políticas educacionais, os governos descomprometidos com toda a política editada.

Portanto, temos de cobrar daqueles que não estão presentes, daqueles que votaram projetos que sempre sucatearam a educação pública, que nunca tiveram compromisso com ela, e julgar também esses procedimentos. Nesse ponto concordo com a Juçara, temos culpa nisso, porque temos de saber que devemos eleger bem aqueles que vão nos representar. Temos de colocar lá em cima aquelas pessoas que têm compromisso social e político com as camadas populares.

Assim, a reflexão vem unida a várias outras, porque, na verdade, o que está em julgamento não é só a pedagogia, mas esta prática política, esta prática educacional construída a partir dos anos 1980.

Temos de fazer essa reflexão e trazer para a pauta dos debates nacionais os outros atores que estiveram desconstruindo ao longo dos anos a política pública, a política das camadas populares.

Deputada Esther Grossi –O Sr. João Cândido só vai votar e respeitaremos o seu ponto de vista. Vamos, agora, ao voto. Todos são convidados a absolver ou condenar a pedagogia.

Vamos recolher os votos e apurar o mais rápido possível.

Sara Pain – Primeiro, vamos dar o resultado do júri popular.

Pela condenação: duzentos e oito votos — um percentual de 45,6%. Pela absolvição: cento e noventa e oito votos — um percentual de 43,49%. Total de votantes: quatrocentos e cinqüenta e seis. Total de votos em branco: cinqüenta. Nulos: dez.

Bárbara Freitag – Peço atenção para transmitir o veredicto dos jurados, pois foi muito difícil chegar a ele, em razão da complexidade da questão teórica.

O veredicto é o seguinte: absolvemos, como membros do júri, a pedagogia teórica, porque, conforme esclarecido, trata-se de uma área de saber em movimento, isto é, em constante formação e reformulação. Não se condena a faca com a qual foi cometido o crime. Condena-se o criminoso. Por isso, é preciso encontrar o verdadeiro culpado, o qual nós consideramos serem as estruturas desiguais e injustas da sociedade, o que exigiria uma mudança e uma supervisão permanente das políticas educacionais vigentes.

Sara Pain – À pergunta sobre se a pedagogia de hoje é culpada ou inocente responde-se que sim, é inocente. Quanto à pergunta sobre se a política educacional e o sistema social são inocentes ou culpados dos crimes que estão em julgamento, nós os consideramos culpados.

Quanto à pena, condena-se o sistema social a uma mudança radical.

Deputada Esther Grossi – Concluído o júri em que a pedagogia era a ré, faço o encerramento desta parte da nossa III Conferência Nacional de Educação, dizendo o seguinte: em Brasília, tivemos a semana mais quente do ano, de acordo com as marcas dos medidores de temperatura, mas Brasília foi também sede de uma semana de um calor muito apaixonado e obstinado na definição, no embasamento e na validação de um modo de ensinar com o qual todos aprendem. Uma semana de lúcida indignação diante da frieza de muitos, incluindo o próprio Ministério da Educação, que se acomoda diante da pouca aprendizagem produzida nas escolas, em contraste com o potencial fantástico e, por isso mesmo, explosivo das chances de aprender de todos e, comprovadamente, de alunos oriundos das classes populares.

Essa tenda foi um elemento simbólico durante esta semana, porque a Câmara dos Deputados alargou sua capacidade de acolher pessoas para um evento por ela organizado, porque o seu maior espaço comporta apenas trezentas e cinqüenta pessoas, mas principalmente porque a Comissão de Educação, Cultura e Desporto fez questão de afirmar ao Brasil que a educação precisa ser profundamente revista. Essa revisão, no que concerne ao interior da sala de aula, precisa de três suportes fundamentais: salários dignos para os professores, competência científica dos professores e definição clara de uma teoria que embase a sua prática, fugindo da mistura de modelos.

O que vai realmente resultar de concreto desta Conferência é o que cada um de nós vai fazer na sua sala de aula, no seu Estado. Já aplaudimos todos os Estados brasileiros presentes e a representação aqui neste evento cobre toda a Nação. Realmente, o fruto desta Conferência é a modificação que cada um de nós vai fazer lá na sua Secretaria, na sua escola, na sua sala de aula.

Temos certeza de que a sala de aula, a partir de segunda-feira, daqueles que aqui estiveram, não será a mesma. Mais do que isso: sabemos que uma andorinha só não faz verão, sobretudo nessa área, e temos de estabelecer mecanismos de parceria. Desejo justamente que a Comissão de Educação da Câmara dos Deputados e o Geempa sejam um ponto de encontro e que cada um de vocês saiba que precisa incorporar-se, como muitos já estão fazendo, desejosos de realizar uma alfabetização de adultos em três meses.

Portanto, solicitando a todos a incorporação, desde a formação de professores até sua assessoria, em qualquer área das aprendizagens, peço que nos mantenhamos unidos, como uma comunidade abraâmica, que aceita deixar o velho rumo ao novo, com toda coragem que esse novo exige, pelo desconhecido que é. Muito obrigada. Um grande abraço.

A mídia como ré no júri:
POR QUE AINDA HÁ QUEM NÃO APRENDE?

A televisão brasileira tem sido acusada freqüentemente de promover a violência, a erotização de crianças e de adolescentes, a banalização do sexo e o mau gosto cultural, entre outras coisas.

Defensores da ética afirmam que a imprensa não é imparcial como deveria. Entre o fato e a notícia existe a escolha de um ângulo que é pessoal, político ou econômico, dizem.

A grande questão que a III Conferência Nacional de Educação quer responder é: Há um papel educacional dos meios de comunicação? Qual? Têm eles que abrir um espaço para o debate de idéias, de valores, ou está havendo uma transferência de funções que escolas e professores não conseguem desempenhar?

Ao julgar o papel da mídia na educação estaremos julgando, também, o papel da sociedade na sua capacidade de olhar para si mesma e traçar rumos novos para as gerações vindouras. Mais do que omissa ou comprometida, a mídia espelha uma época. E essa época ela não constrói sozinha.

A mídia como ré no júri

Juiz: Luiz Francisco Fernandes Souza
Advogada de Acusação: Eliane Catanhêde - jornalista
Advogado de Defesa: Luciano Suassuna – jornalista
Testemunha de Acusação: Romário Schettino – jornalista
Testemunha de Defesa: Patu Antunes – jornalista
Jurados: Iara Bernardi – Deputada Federal
Terezinha Nunes – professora
Célio Cunha – professor
Gabriel Grossi – jornalista
Luis Carlos Gonçalves Lucas – professor
Antônio Márcio Junqueira Lisboa – médico pediatra
Veredicto: Culpada

Deputada Esther Grossi – Daremos início agora ao júri. No banco dos réus está a mídia. Primeiramente, vamos identificar o que estamos entendendo por mídia. Realmente, trata-se de um nome muito vasto, diante do crime de tão poucas aprendizagens, uma vez que todos podem aprender. Encontra-se no banco dos réus da III Conferência Nacional de Educação, Cultura e Desporto, acusada de responsável por crime tão grave, a mídia, seja ela a escrita, a falada, a televisiva e a dos nossos computadores. Será inocente ou culpada? Essa decisão é tarefa deste júri.

A televisão brasileira tem sido acusada freqüentemente de promover a violência, a erotização de crianças e de adolescentes, a banalização do sexo e o mau gosto cultural, entre outras acusações. É também acusada de ser parcial, tentando apresentar-se como imparcial, introduzindo, entre o fato e a notícia, uma determinada posição sociológica, antropológica, filosófica ou política. É acusada de veicular quase exclusivamente o fracasso escolar, de veicular práticas através de experiências isoladas e escamotear a importância das idéias que estão por trás das práticas, fomentando a falácia de que o sucesso educacional advirá da criatividade, do carisma ou da iniciativa de cada professor, e não de um sistema educacional nacionalmente articulado e solidamente apoiado em bases teóricas consistentes, com salários dignos para os professores e com garantia de sua competência científica. Por fim, a mídia é acusada de não ter descoberto o valor, o encanto e o prazer do ato de aprender, e não considerá-lo como um fato fecundo de notícias.

Algumas provas do crime: dezenove milhões de analfabetos absolutos adultos; trinta e cinco milhões de analfabetos funcionais adultos; 40% de não-alfabetização, a cada ano letivo, nas séries iniciais; 41% dos estudantes do ensino fundamental fora da série correspondente à sua idade e apenas 0,7% dos alunos do ensino médio conseguindo construir os conhecimentos básicos esperados.

Além dessas provas do crime, que já estão aqui desde o primeiro dia da nossa Conferência, temos hoje a grave responsabilidade de noticiar os resultados do SAEB, que foram distribuídos ontem à tarde. Os resultados, que já eram catastróficos, colocam-nos, no *ranking* internacional, nos últimos degraus da escala de aproveitamento dos alunos.

Os dados publicados ontem pelo SAEB, em vez de melhorar, pioraram. A palavra do Ministro da Educação é que temos de festejar a estabilidade. Há resultados estáveis. Alguns casos pioraram. Sabem por quê? Segundo o Ministro, pela incorporação das escolas municipais rurais do Nordeste, que sempre têm desempenho inferior às escolas urbanas.

Em segundo lugar, a estabilidade é considerada positiva. Ontem, tive a oportunidade de, numa entrevista pela televisão, dizer que passei por uma das experiências mais marcantes da minha vida, quando um netinho meu estava muito doente. O médico que o atendia saiu da UTI e disse para nós, familiares, que a situação era estável. Fiquei feliz e pensei: "Ah! É estável!" Meu marido, que é pediatra, disse-me: "Esther, ele está muito mal. Estável não é bom." Essa é a mesma situação do ensino brasileiro. Nosso Ministro provavelmente dormiu tranqüilo, dizendo que a situação é estável.

Esses são alguns elementos do crime que pode ser considerado hediondo. Estaremos analisando a responsabilidade da mídia, se ela é ou não responsável por esses índices catastróficos de rendimento escolar em nosso País.

Apresento a vocês nosso juiz, o Dr. Luiz Francisco, bastante conhecido, a quem pedirei que apresente os demais participantes do júri e que também dê a estratégia de funcionamento do julgamento. Cada juiz é livre para ser criativo e conduzir como lhe parecer melhor o julgamento da ré, que parece invisível, mas está muito presente diante de nós.

Luiz Francisco Fernandes Souza – Haverá agora o julgamento da mídia. Solicito aos professores que atentem para a questão do compromisso ou não com a libertação dos oprimidos, com milhões e milhões de crianças cheias de vermes na barriga e com as pessoas que estão sendo destruídas, tendo que arrebentar toda a sua subjetividade, toda a consciência. Daí o compromisso da mídia em relação a essas camadas espoliadas, oprimidas. A mídia está compromissada com essa situação ou não? Considero também um ponto muito importante, que deve ser bem examinado, ou seja, a questão de expor a verdade e revelar os fatos como eles se passam aqui no Brasil, mesmo na questão do holocausto, do trabalho escravo etc.

Para o julgamento haverá uma dinâmica. A acusação, por intermédio da jornalista Eliane Catanhêde, abrirá o debate; depois, o jornalista Luciano Suassuna fará a defesa. A acusação introduzirá suas testemunhas. Em seguida, a defesa fará o mesmo. A acusação fará as alegações finais, comentando as provas produzidas no decorrer do julgamento e defendendo os principais argumentos. Por último, falará a defesa. Em seguida, abriremos espaço para que cada jurado profira, em dez ou quinze minutos, o seu voto. Após a fala dos jurados, vocês vão proferir o julgamento por aclamação, ou seja, se concordam com a acusação ou com a defesa e, encerrando, proferirei a sentença. Esse será o procedimento.

Lembro que, antes de proferir a sentença, abrirei espaço para quem desejar expor, durante dois ou três minutos, algum argumento relevante.

Para fazer a apresentação, passo a palavra ao nosso colega Gabriel Grossi, que conhece melhor os participantes.

Gabriel Grossi – A advogada de acusação é a jornalista Eliane Catanhêde, do jornal *Folha de S.Paulo*. A testemunha de acusação é Romário Schettino, Vice-Presidente do Sindicato dos Jornalistas do Distrito Federal. Do lado da defesa, o advogado é o jornalista Luciano Suassuna, da revista *Isto é Gente*. A testemunha de defesa é Patu Antunes, Editora de Notícias e Análise de Mídia da Agência Nacional dos Direitos da Infância — ANDI. Há cinco jurados: a Deputada Federal Iara Bernardi, a professora Terezinha Nunes, o pediatra Dr. Antônio Márcio Junqueira Lisboa, o Sr. Célio Cunha, representante da UNESCO, além de mim, Gabriel Grossi, jornalista, da revista *Nova Escola* e Luiz Carlos Gonçalves Lucas, presidente da ANDES.

Eliane Catanhêde – Para começar — e não são vocês que estão sendo julgados, mas nós, da imprensa — digo que a educação, num conceito bem genérico, é uma amplificação, uma multiplicação de informação. Como se pode falar em amplificação, em multiplicação de informação, sem falar em mídia? Como se educa, como se politiza, como se discute, como se evolui, como se avança sem o apoio e a cumplicidade da mídia?

Essa responsabilidade é maior ainda no caso da televisão e do rádio. Por quê? Não só porque eles têm uma abrangência muito maior — eles atingem cada município deste País, cada casa; o rádio atinge todo o mundo, é um instrumento poderosíssimo de divulgação de idéias, de informação — mas também porque rádio e televisão são concessões públicas. Eles não pertencem a donos de empresas privadas. São concedidos pelo povo, via Governo, via suas representações. Portanto, têm uma responsabilidade pública e social.

Os jornais e as revistas já são um outro caso, porque são de iniciativa privada, mas informação e notícia não são produtos normais, como papel higiênico, sabonete, sabão de coco. A notícia e a informação têm influência, um poder político, uma responsabilidade política com o País, com o cidadão, com cada um de nós, muito maior do que o papel higiênico. É razoável concluir isso.

Primeiramente, vou tratar da televisão e do rádio. No Brasil, o que está acontecendo com a televisão? O que aconteceu com o advento da TV a cabo? Ela criou excelentes programas para os ricos, os bem informados, os alfabetizados, que estão na sua casa pagando, e deixou o lixo para a TV aberta, que atinge a grande massa da população brasileira, justamente quem mais precisa de informação qualificada e usar a televisão como meio de educação e de ensino diretamente.

Outro dia, eu estava num apartamento em São Paulo que não tinha TV a cabo. Eu nunca tenho tempo de ver televisão. Isso não é demagogia, é verdade mesmo. A minha filha está ali e sabe disso. Liguei a televisão e fiquei horrorizada, porque falamos do lixo da televisão, mas somente quando ligamos e temos contato direto com aquilo verificamos que é muito chocante. Um canal passava um filme oriental de péssima categoria e com uma violência escandalosa; outro mostrava mulheres nuas, estimulando o sexo. Então, fiquei pensando: é por isso que a criançada toda, de Norte a Sul, está engravidando aos onze ou quinze anos de idade?

O que une o Norte ao Sul do País? A mídia. Não se trata de uma questão de censura ou de moral, mas de educação. Não se pode educar nossas crianças mostrando apenas sexo em horário indevido. Aquilo era uma baixaria, sem qualidade nenhuma.

Em outro canal, passava um programa de auditório que também não se podia ver, porque não tinha nada a acrescentar. É isso que a concessão pública, feita para o público, está levando para nossas crianças, para as mães e para as professoras, que têm de educar as crianças. Como promotora, estou numa situação muito mais confortável do que o meu colega Luciano Suassuna, que tentará defender isso.

Quanto aos jornais, são meios que atingem pessoas alfabetizadas e que têm dinheiro para comprá-los. Evidentemente, não se vai ensinar ninguém a ler via jornal, mas o jornal tem de ser utilizado para atingir esse público que tem a responsabilidade de levar ensino e educação para a grande maioria. Quem o jornal atinge? Formadores de opinião, professores, mães, pais, tios, irmãos mais velhos.

Ao longo da história, existe uma crise no setor, nessa área chamada mídia, que veio se agravando com o tempo. Por quê? Porque há um desequilíbrio entre receita e despesa. Qual é a receita dos jornais? É a propaganda das empresas. Em momentos recessivos, de menor desenvolvimento, a primeira coisa que as empresas cortam é a propaganda; então, cai a receita. A maior parte da despesa é em dólar, porque o insumo dos jornais, papéis e tintas, é importado. O que fazem as empresas de jornal e revista? Cortam. O quê? Papel, o que significa menos espaço e menos gente para fazer o jornal. Qual é a conclusão?

Quando comecei a trabalhar, havia jornalistas especializados. Por exemplo, comecei em educação. Eu cobria educação, saúde, participava de palestras, ia a congressos, ouvia professoras. Eu trabalhava direcionada ao entendimento da política de educação, acompanhando as discussões sobre essas políticas, seus métodos novos e os que vinham sendo reprovados. O que há hoje? Nos grandes jornais brasileiros, não há jornalistas que entendam de política de educação, saúde e trabalho, porque não há gente para fazer essa cobertura. Então, vai-se ao "prioritário", que são a política partidária e a economia.

E quanto à educação, que é a política que vai fazer do nosso Brasil o país do futuro e formar a opinião das nossas crianças, nossos netos e bisnetos? Quero ver você defender isso, Luciano. Você vai ter que se virar, porque isso é verdade. Quando há algo importante na área de educação, o chefe olha em volta e diz: "Meu Deus, não tem quem faça. Quem é o coitado que está dando sopa aí? Corre lá e vai ver". O coitado chega lá, não entende nada do que está acontecendo, faz correndo a cobertura e livra-se daquilo, porque tem mais três pautas para fazer; então, é tudo muito fluido. Não há, por exemplo, repórteres para cobrir as Comissões da Câmara e do Senado, onde há muita discussão, muito debate. O povo brasileiro sempre diz assim: "No Congresso, todo o mundo é vagabundo e ganha um dinheirão para não fazer nada". Isso não é verdade. Há até vagabundos que ganham para não fazer nada, mas há muita gente envolvida em debates sobre políticas públicas para melhorar o nosso

País e o mundo, porque melhorar nosso País significa também ajudar a melhorar o mundo. A Deputada Esther Grossi — e não digo isso por estar na presença dela — é um exemplo disso. Portanto, existe muita coisa sendo feita dentro do Congresso, que é a representação do povo brasileiro, que é a consolidação da democracia de qualquer nação, que a imprensa não vê, porque não tem gente, nem espaço para ver e fazer a cobertura.

Fui jurada de um prêmio do UNICEF justamente sobre o nosso tema de hoje. Por isso, estou me referindo a esse meu trabalho. Ele ocorreu no Panamá e foi para a abordagem da imprensa em relação à criança e ao adolescente. Concorriam trabalhos de rádio, televisão, jornal, revista, fotografia, em língua portuguesa e espanhola, incluindo Espanha, Portugal, alguns países da África e o nosso continente inteiro. No Panamá, eu era a única brasileira. Fiquei orgulhosíssima — eu, mesmo sendo promotora, hoje — com a qualidade do material jornalístico produzido no Brasil. Fiquei surpresa porque, sendo jornalista, eu nem conhecia aquilo. Havia trabalhos de excelente qualidade.

Contudo, em primeiro lugar, trabalhos excelentes são para público dirigido. É o velho erro brasileiro, é o velho erro da esquerda brasileira, é o velho erro do corporativismo brasileiro: ficar falando para o próprio umbigo. Se eu sou da área do meio ambiente, faço um jornal do meio ambiente para você que é do meio ambiente; se eu sou da área de educação, escrevo sobre educação para você que é da área de educação; e ficamos discutindo vírgula para cá, vírgula para lá. Não ampliamos os nossos aliados.

O que se viu no prêmio? A enorme disparidade entre o material produzido e a realidade brasileira. Por que um país como o Brasil consegue ter excelência na produção de algumas reportagens, além de miséria e analfabetismo tão grandes e — o crime ao qual a Deputada Esther Grossi se referiu — milhares de adultos analfabetos? Esse é o grande problema brasileiro, essa é a grande questão política em que a mídia brasileira não conseguiu entrar, como debatedora, provocadora de idéias e agente de cobranças.

Além de tudo, o bom jornalismo não é somente denunciar o crime e o que é feito de ruim. Ele também tem de apontar caminhos, soluções e as iniciativas bem-sucedidas. Temos preconceito contra o que é bom. Portanto, acho que há muitos argumentos.

Peço a vocês, que são o grande júri, que condenem a imprensa brasileira, porque ela tem sido inepta, ineficaz e parcial na abordagem de questão tão importante para o futuro do Brasil.

Luciano Suassuna – Já estamos sendo julgados, por isso fica mais difícil a defesa.

Justamente porque este é um julgamento, e não um linchamento da imprensa, quero tentar trazer um pouco mais de racionalidade, evitar um pouco a emotividade e propor um debate com outros argumentos, para que vocês possam refletir também sobre eles. Afinal de contas, somos um País em duas velocidades. Há um País que está a mil por hora, funcionando muito bem para as elites, e um País de deserdados, que está à espera de um salto, querendo esse salto.

Em primeiro lugar, quero trazer a racionalidade para este debate, já que está em julgamento por que ainda há quem não aprende. Se é esse o tema, antes de chegarmos ao papel da mídia, deveríamos primeiramente pensar nas reais responsabilidade republicanas. Digo republicanas porque o surgimento de uma educação nacional acessível a todas as crianças, sem distinção de classes, está na gênese desse tipo de Estado. Sem a Revolução Francesa, que há duzentos anos implantou o primeiro Estado com o ideal de liberdade, igualdade e fraternidade, sem aquele ensino nacional bem pensado e acessível a todos, não haveria como defender um lema como esse.

Contudo, apesar de essas três palavras — liberdade, igualdade e fraternidade — serem seculares, no momento, no Brasil, estamos com 200 anos de atraso e propícios a reconquistar ou começar a conquistar isso. Para tal, é claro que a grande responsabilidade por ainda haver quem não aprende é do sistema de educação básica, que deve ser para todos, acessível a todos, interessante para todos. Como a professora Esther disse aqui na abertura da reunião, um sistema orgânico mais crítico, mais cientificamente estruturado, para que possamos dar educação a todos.

O foco central, portanto, está na escola. É na escola e no sistema público de ensino que está a responsabilidade de se produzir esse pensamento de qualidade, de formar esse espírito crítico. O papel da mídia, então, com relação à educação, é o de coadjuvante. Acho que, se vamos fazer o julgamento da mídia aqui, devemos deixar claro que ela não pode ser responsável diretamente pelo fato de que ainda há quem não aprende, mas apenas acessoriamente, tendo apenas um papel coadjuvante.

Nesse papel coadjuvante, quero primeiro definir quais são, realmente, as responsabilidades principais intrínsecas à mídia, para que cheguemos ao seu papel coadjuvante. Ela tem duas funções primordiais, e nelas não se inclui educar, no sentido clássico de formar as pessoas, de formar esse espírito, esse pensamento de qualidade, essa responsabilidade que outrora se atribuiu à escola e também à Igreja e à família. Seu papel básico — mesmo sem procuração para defender a televisão e o rádio, até porque minha experiência profissional está muito mais relacionada à mídia impressa — é informar e divertir.

Quando estabelecemos uma discussão mais exacerbada, como esta, o senso comum entende a tarefa de informar como sinônimo de obrigação de educar. No entanto, precisamos deixar claro que são duas coisas diferentes. A informação e a boa informação nascem de um processo que procura levar em conta o maior número possível de opiniões, mas, uma vez que ela vai ao ar, que é publicada, editada e lançada pela TV ou rádio, fatalmente transforma-se em uma via de mão única. Não age como um processo convencional de ensino, que pressupõe uma troca. É isso que dá grande responsabilidade à mídia, porque depois que ela ouve todo o mundo, uma vez que ela põe um assunto no ar, ele é quase jogado de forma autoritária. Está sempre sujeito a críticas, porque vivemos num sistema aberto, e o contraditório sempre aparece quando as opiniões estão fora desse senso comum.

Mas a boa informação pressupõe também uma boa recepção, e essa boa recepção depende, primeiramente, de uma grande capacidade de entendimento. Com isso voltamos novamente para a questão da nossa qualidade inicial de ensino, da tentativa de formar um pensamento de qualidade e particularmente do espírito crítico. Se tivermos esse espírito crítico e esse pensamento de qualidade, certamente teremos menos excessos.

Nesse ponto, não vamos julgar a televisão e o rádio pelos excessos que Eliane acabou comentando, como todo o mundo concorda. Esses programas de sexo na madrugada, violência gratuita na televisão... Durante a madrugada e também mais cedo. Dou um exemplo concreto: vocês lembram-se daquele *Sushi Erótico*, do programa do Faustão? Foi um absurdo ter sido levado ao ar às 3h da tarde. Houve uma queixa tão grande da sociedade — e isso refletiu-se tão profundamente na crítica feita que transpareceu na mídia — que o programa foi mudado. É preciso lembrar também que estamos numa evolução. Para dar exemplos básicos de atrações que há dez anos faziam o maior sucesso, cito o rebolado do grupo "É o Tchan", que hoje quase não faz mais parte da nossa programação dominical.

Enfim, vamos pensar numa evolução e vamos pensar num julgamento. A mídia, também quando cumpre o seu papel de divertir, tampouco tem obrigação de ensinar. Mas o fato é que, por estar permanentemente exposta, a mídia, tanto quando informa como quando diverte, tem cumprido em grande parte um papel auxiliar na formação crítica do brasileiro. Vou dar exemplos melhores.

Com certeza, todo o processo de redemocratização do País, que hoje é consolidado e incontestável, não teria o mesmo êxito, não fosse o papel crítico da mídia. Todo o trabalho do Procurador Luiz Francisco em favor de uma ética pública mais decente, em favor da exposição dos maus políticos, não teria obtido bom êxito, como obteve, se não fosse também todo o trabalho que a imprensa fez quase paralelamente ao trabalho do Procurador. Isso é algo que parece pouco do ponto de vista da educação, mas é essencial. Significa que estamos aprendendo a votar melhor, e aprender a votar melhor é escolher melhores governos; escolher melhores governos é gastar melhor os recursos públicos, é economizar na corrupção e aplicar em educação e saúde, por exemplo.

Entender o valor da estabilidade econômica foi outra conquista brasileira que não teríamos nesta década, se não fosse o papel da nossa ré. Ninguém teria conseguido entender tablita, URV e tudo por que passamos, não fosse a função social da daquela. Assim também a estabilidade econômica, depois de duas décadas de anarquia nas finanças, igualmente nos ajuda a planejar melhor o futuro, escolher melhor as prioridades e fazer o Brasil avançar mais rápido. Esses foram saltos primordiais que demos e que ajudaram muito para que estejamos aqui e possamos dar o salto seguinte, o salto da melhora da educação. O papel da mídia foi preponderante nesse processo.

Mesmo em eventos de puro entretenimento, como novelas, existe a preocupação, muitas vezes, com boas mensagens, como valorização de certos traços regionais do Brasil, sem esbarrar no preconceito, debates sobre o problema das drogas e dos males do alcoolismo, denúncia de trabalho infantil, enfim, uma infinidade de temas de interesse público, que são abordados no dia-a-dia das empresas de comunicação.

No julgamento que se faz aqui, quais são as provas do crime, provas de que a mídia deva ir para o banco dos réus? São dezenove milhões de analfabetos absolutos, adultos. Pergunto: se tivéssemos uma maratona de três semanas de programa na televisão ensinando a alfabetizar em todas as redes, será que conseguiríamos diminuir esses dezenove milhões de analfabetos absolutos adultos? Ou isso viria com a mobilização no contato entre professor e aluno, na tentativa de despertar o interesse, com pedagogia própria, para que esses adultos pudessem vir a aprender? Há trinta e cinco milhões de analfabetos funcionais adultos. É o telecurso, na televisão, que vai resolver o problema dessa gente? É a mídia que tem esse papel? Há 40% de não-alfabetização a cada ano letivo nas séries iniciais. O fato de colocarmos programas educativos vai reduzir essa taxa? Não. Um dos fatores que vai ajudar a reduzir essa taxa — e este é, de novo, o papel da mídia — é a denúncia do trabalho infantil, por exemplo, porque 41% de estudantes do ensino fundamental que não estão na série correspondente e 40% de não-alfabetização a cada ano letivo são fatos que ocorrem, em grande parte, porque crianças perdem o ano por terem de ajudar o pai no trabalho.

Enfim, quando criamos consciência social — e a mídia, nos últimos anos, foi pródiga em denunciar o trabalho infantil

— ajudamos a colocar essas crianças na escola. E já devíamos tê-las colocado em uma educação com muita qualidade, mas acho que no momento esse é o passo obrigatório. Do ensino médio, 0,7% dos alunos não constroem os conhecimentos básicos esperados.

A mídia tem um papel auxiliar na questão de por que ainda há quem não aprende. Se fizermos um julgamento temos de levar em conta esses excessos, porque esses excessos vão sendo depurados ao longo do tempo, ao longo da democracia que estamos construindo. Temos de levar em conta o papel de um grande debate público, de grande interesse do Governo. Não adotarmos a mesma postura do Ministro de pensar que temos uma situação estável e, por isso, estamos a contento, mas sentirmos o incômodo de pensar que ainda não temos uma educação de qualidade para todos. Isso forçará a mídia a produzir mais matérias sobre o debate da qualidade do ensino, e nos ajudará a fazermos um País melhor.

A mídia está pronta para fazer seu papel, e sempre o fez, o tempo todo. Vide toda a evolução política e a estabilização econômica que foram realizadas. Mas considero que é uma tarefa de todos, especialmente do novo e do próximo Governo.

Eliane Catanhêde – Vou chamar a testemunha de acusação, meu colega Romário Schettino, também jornalista.

Romário Schettino – Estou aqui para servir de testemunha de tudo que a Sra. Eliane Catanhêde acabou de dizer. Quero dizer, em meu nome e no de muitos de vocês, que sou testemunha de que a baixaria na TV é prejudicial à população brasileira e à educação do povo brasileiro. Sou testemunha de que a imprensa escrita é parcial e restrita a menos de 10% da população brasileira.

É verdade que a imprensa escrita não vai ensinar ninguém a ler, mas pode estimular a educação e o interesse pelos bons propósitos voltados para o bem da sociedade.

Não há como condenar a mídia sem condenar os Governos que permitiram esse modelo de comunicação que está aí, com a concentração dos meios de comunicação nas mãos de poucos, com nenhum controle social sobre esses meios de comunicação, com concessões de rádio e televisão baseados em critérios políticos e sem compromisso social. Essa imprensa, essa mídia que é dividida em televisão, rádio e imprensa escrita, deveria ter compromisso social e auxiliar na educação, como bem lembrou o nosso advogado de defesa. Mas é verdade que esse papel auxiliar é o mais fundamental de todos e, se ele não é cumprido, está sendo nocivo à sociedade brasileira e prejudicial ao desenvolvimento social do País.

Também sou testemunha de que informar e educar fazem parte do mesmo mecanismo. Não é possível distinguir o papel da imprensa como essencialmente de informação e do Ministério da Educação como essencialmente de educação. Fazem parte do mesmo contexto social e deveriam complementar-se da melhor maneira possível.

A mídia tem o papel fundamental de auxiliar na educação, mas todos sabemos que também comete excessos, desvia a juventude da escola, desvia a juventude do comportamento construtivo, cultural. Tem causado prejuízos e até mortes. Sabemos que em Brasília houve o assassinato de um índio, queimado num ponto de ônibus. Muitos não sabem, mas a rádio *Transamérica*, algum tempo antes, veiculava uma brincadeira nestes termos: "Se você quer aquecer um mendigo neste inverno, ponha fogo nele". E foi isso que aqueles jovens fizeram: queimaram o índio. Por quê? Porque os canais de rádio e televisão do País não têm nenhum controle nem compromisso social.

Portanto, sou testemunha de que a mídia brasileira deve ser condenada, porque é omissa, é ineficiente, é inepta e é criminosa.

Os Governos que permitiram essa situação também devem ser condenados.

Felizmente, o povo brasileiro optou pela mudança sem medo e esta poderá ser a nossa virada. Não pode ser única e exclusivamente responsabilidade do Presidente eleito, mas também da sociedade que o elegeu, mesmo de quem votou nos outros candidatos. Portanto, temos o compromisso global de todas as pessoas, de toda a sociedade brasileira, que é capaz de promover as mudanças.

Para não deixar de falar que também sou testemunha de que há movimento no sentido de combater a baixaria, a Comissão de Direitos Humanos da Câmara dos Deputados lançou uma campanha contra a baixaria na TV. Acabou de criar uma Comissão de Acompanhamento da mídia, com representantes da sociedade civil brasileira que vão acompanhar essa programação que estamos cansados de presenciar e servirão de canal de manifestação do povo brasileiro, condenando e restringindo a avaliação de programas considerados nocivos à sociedade brasileira. Essa Comissão até hoje não foi divulgada por nenhum veículo de comunicação no País, pois não há interesse. Se alguém ouviu falar disso, deve ter sido pelo serviço de comunicação direta da Câmara ou por alguma nota em algum jornal. Mas esse assunto ainda não foi amplamente divulgado, porque fere interesses econômicos muito bem conhecidos.

É preciso que esta Conferência apóie essa iniciativa da Comissão de Direitos Humanos da Câmara dos Deputados e entre na luta, para que possamos modificar o quadro de baixaria na TV brasileira, organizando-nos, na medida do possível, nas regiões, e encaminhando denúncias, tanto para esta Comissão como para o Conselho Nacional de Comunicação Social, ainda em fase inicial. Este não disse ainda a que veio, mas se trata de outro canal importante.

Gostaria de encerrar meu testemunho lembrando um item com relação à permissividade dos Governos passados na construção desse modelo de Comunicação Social. Há um movimento nacional preocupado com a modificação desse modelo, já no Governo que tomará posse em janeiro. Esse movimento nacional está discutindo o que chamamos de políticas públicas de comunicação. Para modificar esse quadro, deve-se permitir que os meios alternativos não só proliferem no País como também sobrevivam. Temos uma lei do cabo que permite a instalação das TVs comunitárias a cabo, mas, como disse Eliane Catanhêde, chega a menos de 5% da população, com dinheiro pago. Paga-se para ver televisão, e ainda para ver as propagandas que colocam na TV a cabo. E a TV comunitária morre à míngua. Por quê? Porque não temos um fundo nacional de apoio às TVs e rádios comunitárias, nem temos políticas públicas capazes de incentivar a publicação de jornais comunitários nos bairros e regiões periféricos do Brasil.

O novo Governo com certeza vai entender essas propostas e teremos a mudança radical do que chamamos mídia no País. Temos de trabalhar com a perspectiva de que é preciso pulverizar o direito de informação e de ser informado, a ponto de que 100% da população possa receber um jornal em casa e ver uma programação construtiva e edificante, culturalmente respeitosa com o sentido da vida. Caso contrário, vamos aprofundar a barbárie que já está aí.

Sou testemunha de acusação e quero que a mídia seja não apenas condenada, mas também modificada por todos nós.

Luiz Francisco Fernandes Souza – Depois da testemunha de defesa, a Promotora terá a palavra.

Patu Antunes – O papel de defender a imprensa é realmente muito difícil. Na ANDI, tentamos analisar e entender que mídia é essa, quais são as motivações e que produtos são esses. Na Agência, há sete anos recortamos diariamente todas as matérias sobre infância ou adolescência, que se transformam em pesquisas e análises sobre o comportamento da mídia. É claro que educação tem tudo a ver com o assunto, porque crianças e adolescentes estudam. Essas análises captam desde os primeiros momentos da criança na escola, desde a educação infantil até o momento em que ela termina o ensino médio.

Contra a mídia há muitos fatores. Então, o que temos visto que pode ser a favor dela? Podemos dizer que, de 1996 até o presente, é inegável que a educação realmente virou a cabeça de chave da pauta de infância e adolescência. Esse fato não é um "achismo". Em 1996, registramos menos de mil matérias que falavam sobre educação, seja a formal, seja a do ser humano como um todo, a violência na escola e a ousadia do tráfico em prejudicar a educação. Naquele ano, 1996, a aprendizagem foi o oitavo tema mais abordado nesse segmento. Em 1998, ela passou a ser o primeiro tema dessa pauta e, desde então, tem-se mantido como o principal assunto abordado pela imprensa quando o tópico abordado por esta é a criança e o adolescente.

Essa cobertura tem deficiências? É claro que tem muitas deficiências, mas tinha muito mais há pouquíssimo tempo, há 5, 6 ou 10 anos.

Podemos aferir outro dado, mas dados são apenas números, e depois poderemos realmente tentar entrar no papel da mídia, que é muito complexo. Este ano, pela primeira vez, estamos realizando uma pesquisa sobre como a mídia divulga a desigualdade social e o desenvolvimento humano. É a primeira vez que fazemos isso, porque era muito difícil medir fatores e definir palavras. Nosso trabalho será transformado em livro.

Entre os aspectos negativos que apontam para uma cobertura superficial e oficialesca, um chamou a atenção, justamente o relativo à educação. A educação é apontada em 40% dessas matérias como fator preponderante para o desenvolvimento humano. Há cinco anos seria muito diferente. Por quê? Porque o fator preponderante para o desenvolvimento humano, para a mídia, era a renda. Desenvolver-se quer ou queria dizer "renda", entre aspas, é lógico.

Conseguimos perceber que, hoje, a educação é o principal fator de desenvolvimento para a mídia. Quando se fala em pobreza, desigualdade, miséria, desenvolvimento humano e social, a educação é lembrada e apontada como fundamental.

Outro dado que temos é o de que, na diversidade de vozes dessa cobertura, houve um avanço significativo. Em 1996/97, quando essa cobertura era muito fraca e se estava iniciando, pautava-se pela voz do Executivo, sobretudo o estadual e muito perto o municipal, mas a pauta era o Secretário, que era a principal fonte. Nesse tempo todo, sempre trabalhamos muito com oficinas de interação, seminários, jornalistas e fontes, especialistas, invariavelmente com educadores e especialistas em educação. Professores passaram por esses eventos e por todos os outros eventos dos quais a ANDI participa ou os quais ela realiza. Sempre fizemos a crítica de que professores, diretores, alunos, pais e mães não falam nessa cobertura. Por que será? O jornalista é muito malvado e não quer ouvi-los? Ou talvez também — quem sabe? — por que vocês não se organizam e não cobram?

No primeiro semestre de 2002, quando já tínhamos esses dados do diretor ou do professor, eles foram ouvidos o mesmo número de vezes que os do Secretário do Executivo Estadual, diferentemente de outros tempos, em que os dados deste eram mais levados em consideração que os daqueles. É claro que, se juntarmos os três níveis de Executivo, estadual, municipal e federal, este número fica muito maior, porque o Poder Executivo é ouvido quatro mil e quinhentas vezes, enquanto a escola apenas mil e quinhentas vezes. É uma proporção de um para três. Mas por quê? Obviamente deve-se ouvir o Poder Público porque se tem de cobrar dele. É lógico. Mas a voz do professor, do diretor, do coordenador, do pedagogo da escola está na cobertura. Pode ser muito mais, mas já se trata de um avanço razoável.

Quanto ao avanço dos sindicatos e das associações dos pais e mestres neste ano, 2002, podemos dizer que uma voz se impôs nessa cobertura. Em 12% dessas matérias, também os sindicatos dos professores ou dos profissionais de educação foram ouvidos. Os especialistas estão em 10% dessa cobertura, o que é um dado bastante relevante.

Disso tudo, o que podemos dizer em defesa da ré? Esses dados todos são da mídia impressa: 50 jornais são acompanhados sistematicamente todos os dias. Por quê? Porque na mídia televisiva, eletrônica, há o fator do entretenimento, diferentemente daquele que analisamos, que é o fator jornalístico. É bem diferente. Quando falamos de entretenimento, entramos na esfera dos valores de cada pessoa. Realmente, a mídia mostrando o *Sushi Erótico* às 3h da tarde é horrível. No entanto, mais horrível é uma gincana cultural em uma escola do Plano Piloto de Brasília tocando "Bonde do Tigrão", com as meninas fazendo coreografias, onde estão presentes até os professores, porque é muito "lindo". Isso é chocante.

A mídia é uma droga? É. É horrível? É. Está melhorando? Está. Por quê? Não porque o Governo seja bonzinho e esteja vendo como é importante as pessoas serem mais educadas, mas porque isso é cobrado, graças a Deus. Elas não podem fugir desse papel. Têm de cobrar. Chocante é um educador colocar o "Bonde do Tigrão" às 3h da tarde numa gincana cultural. Realmente, temos de pensar. Uma coisa é a mídia, a outra somos nós. Somos todos, somos tudo. São valores que se misturam. É fácil dizer que a mídia é culpada, e é mesmo. Então, vamos colocar um *chip* em cada televisão que proíba de se ver programa ruim? O que será que vai acontecer? Não sabemos. É uma experiência antropológica. Daqui a dez anos poderemos descobrir que o índice de suicídios aumentou, que as pessoas não conseguem mais se divertir vendo *Sushi Erótico*. Os adolescentes ficam deprimidos, como na Suíça, onde as pessoas estão se matando aos quinze anos porque não podem mais expor sua "sexualidade", entre aspas. Se a mídia é isso e nós somos aquilo, se a mídia é ruim e nós somos bons... Não dá.

Os dados demonstram que o País melhorou. Temos muito a fazer? Temos. O Brasil tem muito a mudar.

Eliane Catanhêde – Patu deixou-me numa situação complicada, porque meu coração de jornalista gostou muito do que ela disse, mas minha função de promotora é contestar. Que confusão! Patu, eu acho até que melhorou, sim, mas existe essa divergência, primeiro, entre mídia televisiva e jornal impresso; segundo, entre os jornais do interior, os dos Estados e os grandes jornais. Eu afirmei, agora há pouco, que antigamente os jornais se especializavam e discutiam mais, o que hoje ocorre em menor escala. Estou falando da grande imprensa. Ela disse o contrário: hoje há mais notícia — porque se referiu aos jornais menores. Cinqüenta jornais é muito mais do que os quatro ou seis nacionais, se considerarmos os jornais econômicos.

Realmente solidarizei-me com o meu colega Luciano Suassuna nessa situação desconfortável de ter que defender o indefensável. Estou muito satisfeita por estar em melhor posição para dizer as verdades que todos vocês acompanham e que espero que levem em conta na hora de julgar o papel da mídia nessa questão tão importante.

Quando Luciano disse que há milhões de analfabetos e citou as provas do crime, afirmando que não é culpa da imprensa, destaco que não é culpa só da imprensa, mas também dela, já que se trata de sua efetiva responsabilidade. Este fato é inegável e os jurados vão ter de levar isso em conta, porque a mídia tem o papel, primeiramente, de mobilização e, secundariamente, de cobrança. Cobra-se mostrando o lado negativo e mobiliza-se mostrando quem está fazendo, quem está acontecendo, quem está tomando iniciativas para evitar essa calamidade, que não é só deles, mas nossa, de cada um de nós.

O que acontece com os meios de comunicação, hoje em dia? Criam padrões de beleza inatingíveis. Já imaginaram as meninas do País inteiro tendo de ser tão bonitas como Luana Piovani, por exemplo? É difícil. Então, surge um "assassino do parque", como aquele de São Paulo, que diz às suas vítimas: *"Querida, você vai ser transformada em uma estrela?"* A vítima, que nunca o viu, segue o motoboy e é assassinada, porque a nossa mídia está criando a fantasia de que todo o mundo tem de ser lindo, tem de ser alto, magro e só vai subir na vida através do estrelato. É preciso ter um tênis maravilhoso, a despeito das qualidades e dos potenciais inerentes à cada indivíduo, como a solidariedade, por exemplo, que poderia e deveria ser valorizada.

A referência que a mídia está levando à população brasileira é ruim, porque há outros exemplos de pessoas que estão fazendo boas coisas. Há dez anos, quando foi criado o Estatuto da Criança e do Adolescente, quando se falava em voluntariado, torcíamos a cara e dizíamos: "Imagina se no Brasil voluntariado vai dar certo; isso é coisa de americano!" Saibam que hoje o Brasil já é o quinto país em voluntariado no mundo. É uma responsabilidade dos Governos? Sim, como não apenas deles mas também, e principalmente, da mídia, de todos os setores da sociedade e de cada cidadão, inclusive. Quantas pessoas da classe média escolarizada têm empregadas domésticas em suas casas que não são alfabetizadas? Quantas pessoas têm filhos de empregados domésticos que não vão à escola, ou que freqüentam más escolas e que não estão evoluindo? E não nos importamos. Importar-se também é um exercício de cidadania. Trata-se de uma responsabilidade que é individual, que é da imprensa e dos Governos.

Como ninguém falou de revistas, e Luciano Suassuna, nosso caro advogado de defesa, é de revista, gostaria de fazer uma referência a elas. Se virmos suas capas, verificaremos que tratam cada vez menos do coletivo, da educação, da saúde, do trabalho, e estão cada vez mais individualistas. Plástica no olho, silicone no bumbum, psicanálise, tudo para melhorar a vida da classe média. As capas são cada vez mais voltadas para o individual, quando nosso País, um país de desigualdades, teria de ser um vértice ao contrário, um país para a coletividade.

Peço aos senhores jurados que considerem todas essas argumentações e a brilhante exposição da testemunha de acusação, para hoje condenar a imprensa e sua atuação na educação.

Luciano Suassuna – Gostaria de trazer novamente um pouco mais de racionalidade a este debate. Quando a Profª Esther Grossi me convidou e perguntou-me se gostaria de fazer a promotoria ou a defesa, disse-lhe que só iria conseguir fazer a defesa, porque...

Eliane Catanhêde – Parêntese. Ela perguntou-me a mesma coisa e disse-lhe que gostaria de ser promotora.

Luciano Suassuna – No papel da defesa sinto-me mais autêntico, porque conheço o esforço diário que todos fazem, em cada redação, para transformar este País em algo melhor. Sei das dificuldades que enfrentamos, como temos conseguido vencê-las e como temos andado para a frente. Estamos no momento de dar um passo maior. Estamos na virada da transformação. Tenho certeza de que ela será boa para o País, mas será tanto melhor quanto maior for a nossa responsabilidade crítica. Por isso, peço que haja um julgamento ao invés de um linchamento. Se fizermos essa transformação com responsabilidade, ela será duradoura. Sem responsabilidade, ela poderá acontecer significando, porém, um retrocesso.

Falo em responsabilidade e cito especificidades da acusação, da promotoria. Peço que não julguem pelo excesso. Quando achamos que o excesso de erotização da TV é responsável pela gravidez na adolescência, sem querer tirar uma parcela de responsabilidade ou de influência que isso possa vir a ter, no fundo estamos fugindo do problema maior, do debate maior, que é saber quanto estamos sendo eficientes na orientação sexual na escola e quanto o nosso sistema de saúde pública possibilita acesso periódico de adolescentes ao ginecologista para que haja orientação e prevenção. Este é o debate com responsabilidade.

Digo o mesmo em relação à mídia. Quando achamos que todas as pessoas estão comprando o sonho da beleza perfeita e que a mídia vende-nos somente isso — apenas para contraditar com alguns exemplos eventuais —, não há espaço para um grupo construído como o *Rouge*, primeiro porque é formado só por mulheres, o que significa um grande avanço em um país em que tudo tinha de ter a participação masculina; segundo, porque se trata de um grupo formado por duas negras, uma japonesa, uma loira e outra menina. Trata-se de um grupo multicultural. Somos um país multicultural. A mídia também reflete isso; não vende o sonho do corpo perfeito ou da beleza perfeita o tempo todo. Ela vende um país diverso em si. Por isso, peço que sejamos racionais.

Todo o mundo incomoda-se com a baixaria na TV e a miséria no País. Tem sido feito um esforço consistente para se reduzir esse fosso social. Responsabilidade social — é o que deixo como mensagem final — é implantar um programa Fome Zero. Talvez mais importante seja fazer um programa Analfabetismo Zero, porque a fome é um problema imediato que precisa ser resolvido, mas o Analfabetismo Zero resolveria vários problemas de forma mais perene, inclusive, em grande parte, o da fome e o das carências da mídia.

Luiz Francisco Fernandes Souza – A acusação e a defesa já falaram. Daremos a palavra aos jurados para que cada um profira seu voto. Mais tarde ouviremos duas pessoas, uma de acusação e outra de defesa.

Terezinha Nunes – Quais são os crimes de que a mídia está sendo acusada? O primeiro é o da inconsciência, como manifestou seu próprio advogado de defesa, quando disse que a mídia não tem responsabilidade pela educação. A mídia tem, sim, um papel a desempenhar na educação de crianças e adultos, oferecendo diversão sadia e de valor educacional. A mídia brasileira copia os programas de televisão menos educativos criados em outras partes do mundo ao invés de copiar os educativos. As pesquisas sobre nível educacional e nível de linguagem das crianças pobres nos Estados Unidos mostram que há aumento no vocabulário das que assistem aos bons programas educacionais, aumento esse que não ocorre tão efetivamente às crianças que não têm acesso a esses programas. Pergunto-me se a mídia brasileira já teve a consciência de avaliar seu impacto sobre os jovens e adultos brasileiros.

Considero a mídia responsável pelo crime de inconsciência, ainda que a participação em um crime não isente nenhum dos participantes. Embora possamos crer que existam outros que participaram do crime de permitir — vou ter de usar o termo da testemunha de acusação — que a baixaria exista na televisão, ela é responsável por sua própria conduta. A participação em um crime não torna um dos participantes menos culpado do que o outro.

Na minha opinião, a mídia tem de ser acusada pela criminalização do jovem brasileiro, pois a despeito de sua consciência de que é capaz de criar mitos, a imprensa de um modo geral não vem se esforçando para criar mitos positivos aliados à pessoa do jovem adulto pobre no País, constantemente associado a imagens negativas.

Finalmente, vem o crime de omissão. A testemunha de um crime — posso estar enganada em relação à lei — tem a responsabilidade de, pelo menos, denunciá-lo à polícia, caso contrário passa a ser conivente. Creio que essa é uma situação verídica. Nesse ponto, embora como já apontaram várias pessoas, sejamos todos co-responsáveis por esse crime, a mídia não tem feito esforço suficiente para delatar o crime de que existem tantos jovens e adultos analfabetos, de que a escola precisa ser melhorada para conseguir evitar que o analfabetismo continue se reproduzindo, nem para descrever as soluções encontradas em outros lugares, o que seria parte da sua responsabilidade de informar.

Apenas para concluir, peço ao juiz que considere as boas intenções da ré na sua pena e profira uma condenação que permita à mídia recuperar-se por meio do trabalho social.

Gabriel Grossi – O segundo jurado a se pronunciar será Célio Cunha, representante da UNESCO.

Célio Cunha – Pelas diversas exposições, acusação e defesa da mídia são um assunto da mais alta complexidade. Para fundamentar meu voto, lembro alguns pontos. Há um primeiro de grande importância: no século XX, tivemos uma reconfiguração radical da sociedade mundial. Em função dessa reconfiguração, algumas alterações foram processadas. Em relação à educação, talvez uma das transformações mais importantes diga respeito ao processo de socialização, que antes era feito pela família; hoje, com a reconfiguração familiar, a socialização de crianças e adolescentes passou a ser feita pela mídia.

Isso aumenta de forma sem precedentes na história a importância e o papel da mídia na educação.

Foi por isso mesmo que a UNESCO deu início, há vários anos — e continua fazendo-o —, a uma série de pesquisas sobre mídia, violência e educação. Essas pesquisas foram produzidas no exterior e nós as editamos no Brasil. Mostro o trabalho "A Criança e a Mídia", que relata vários estudos e pesquisas feitos em muitas partes do mundo sobre o problema que estamos discutindo. Editamos, nessa linha, cerca de seis livros. Há outro estudo sobre as imagens que a mídia passa para crianças e adolescentes. Há certa convergência desses projetos no que se refere a uma ampla preocupação mundial em relação ao papel da mídia e seus efeitos perversos, que já foram objeto de discussão por parte da acusação.

O segundo ponto para o qual gostaria de chamar a atenção diz respeito a uma parceria da UNESCO. Lembro-me de que há dois anos, junto com a Comissão de Comunicação do Senado, por intermédio do Senador Pedro Simon, tentamos levar aos telespectadores um dia em que nenhum canal de televisão emitisse cenas de violências. O Senador Pedro Simon teve a oportunidade de fazer isso na base da adesão e convidou diferentes canais de televisão para aderirem a esse projeto. Somente dois canais aderiram, e foram canais de televisão educativa.

Saliento que existem diversos documentos internacionais que se relacionam perfeitamente com o que estamos discutindo nesse momento. É importante começar pela Declaração Mundial dos Direitos Humanos, de 1948, e por diversas declarações em defesa da criança e do adolescente, que lhes garantem o direito a uma informação de qualidade. Esses são compromissos internacionais da maioria dos países.

Gostaria de ressaltar outro ponto. Em função dessa nova reconfiguração social, o tempo de exposição à mídia aumentou de forma extraordinária. Eliane Catanhêde colocou a mão num ponto extremamente importante, ao falar da TV a cabo, comparando-a com a TV aberta. Quando ela estava dizendo isso, lembrei-me do velho dualismo de *Casa Grande e Senzala*. Há dualismo também na mídia de uma televisão de melhor qualidade para poucos e de uma televisão de baixa qualidade para a massa.

Há um complexo problema que não foi mencionado aqui, mas que suscitaria enormes discussões. Precisamos lutar para que, no Brasil, pelo menos alguns minutos do horário nobre da televisão sejam reservados à educação. O Estado tem poder para tanto, porque é quem concede esse direito. Por último, antes de dar o meu voto, não poderia encerrar sem pelo menos indicar algumas alternativas, alguns caminhos que vêm sendo tentados em alguns países na busca de solução, sendo um deles a educação para a mídia. O Canadá tem feito grandes debates e adotado muitas medidas nesse sentido. É extremamente importante a inserção, na educação básica, de um novo capítulo de educação para a mídia. Isso é fundamental. O segundo caminho seria debater, e o momento é propício a isso, a auto-regulação ética. Não podemos censurar os canais e os jornais, mas conscientizar os proprietários, os veiculadores. Talvez um caminho seja uma discussão em torno da auto-regulação ética dos meios de comunicação.

O terceiro ponto que gostaria de ressaltar é que temos de aumentar cada vez mais a participação do usuário na formatação, ou seja, na qualidade dos programas. O usuário não pode apenas aceitar. Já existem diversas experiências no mundo também da participação de crianças e adolescentes no delineamento dos programas.

Feitas essas considerações, gostaria de ressaltar que Luciano Suassuna e seus colegas fizeram uma defesa brilhante sobre a responsabilidade da mídia e alguns de seus avanços rumo a um novo pensamento. São observações extremamente válidas. Entretanto, a questão a que se referiu Terezinha Nunes é fato: apesar de alguns progressos que a mídia fez nos últimos anos, sobretudo na década de 1990, há efetivamente uma maior presença da educação na mídia. A educação tem sido objeto até de manchetes principais de alguns jornais no Brasil. Apesar disso tudo, o que se tem feito ainda é muito pouco.

Esse é o motivo pelo qual eu voto neste momento por uma condenação da mídia, abrindo-se um amplo debate em torno da sua auto-regulação ética.

Gabriel Grossi – O terceiro jurado a se pronunciar é o Dr. Antônio Márcio Junqueira Lisboa.

Antônio Márcio Junqueira Lisboa – Agradeço por haver um pediatra na reunião. Tenho cinqüenta e dois anos de pediatria, cinqüenta de pai, trinta de professor, dez de médico escolar, e escrevi seis livros sobre educação infantil, nos quais a televisão ocupa cinco capítulos.

Existe uma tendência, inclusive dos presentes, de condenar a mídia. Vou ler um pequeno trecho de um dos meus livros:

"A hora das refeições, momento em que a família deveria se reunir, conversar, trocar idéias, confraternizar-se, virou horário nobre das novelas, quando o silêncio é exigido para permitir que todos acompanhem o que está se passando com os personagens. Os pequeninos que rondam os familiares em busca de migalhas de atenção são freqüentemente enxotados para deixarem de chatear, ou punidos com um "já para a cama!" Incrível o número de pais que conhecem a fundo o enredo das novelas, fazem previsões, criticam ou elogiam o desempenho e a conduta dos personagens e desconhecem o que se passa dentro do seu lar, as dificuldades escolares dos filhos, as frustrações, as lágrimas, os amores não correspondidos dos adolescentes. Deve ser horrível para uma criança achar que seus pais gostam mais dos artistas do que delas."

Eu tenho uma preocupação muito grande, por isso estudo a violência há quinze anos. A violência só será prevenida se houver uma conscientização da sociedade, principalmente dos professores e dos pediatras, de que os violentos são criados até os seis anos de idade! O que é importante são os valores, princípios tão esquecidos pelos Poderes da República, cheios de personalidades corruptas. O que significa tudo isso? Falta de formação nos seis primeiros anos de vida, falta de valores, falta de limites, falta de disciplina.

Acho engraçado esse esquema de acabar com armas de brinquedos. Eu, por exemplo, matei milhares de índios quando era pequeno; vivia com dois revólveres na cintura atirando com espoleta. Tenho um revólver há cinqüenta anos e nunca dei um tiro. O que pesa não é a arma, é quem a segura. Já dizia alguém: "É mais perigoso uma faca na mão do marginal do que uma bomba atômica na mão de São Francisco".

Estamos com um problema sério na Medicina por causa da formação do médico. Os professores estão sendo avaliados por sua capacidade de produção científica; ninguém avalia o professor de Medicina pelo compromisso social, ninguém quer saber se ele trata bem seus pacientes ou não mas, sim, quantos trabalhos publicou! E vocês querem que saiam médicos formados de que jeito? Do jeito que estão sendo ensinados: pelo exemplo, porque o exemplo é uma das coisas mais importantes do mundo, começando, em casa, pelo exemplo dos pais e, depois, dos professores. Quer dizer, os alunos buscam o exemplo dos professores.

Os nossos filhos estão sendo, de certa forma até subliminarmente, convencidos a serem colocados em creches. Eu não acredito que exista ninguém no mundo capaz de substituir os pais com o exemplo e com o ensino de valores. A "crecheira" ou a professora não poderão assumir esse papel. Existem pessoas que defendem a idéia de que quanto mais crianças houver em creches, melhor. Para mim, quanto mais crianças com suas famílias, melhor. Entretanto, a creche tem indicações precisas; ela é útil e deve continuar, porque necessária.

Por último, a formação dos professores. Há pouco tempo estive no Rio, e um avô dizia orgulhoso para mim que a netinha de oito meses estava numa experiência pedagógica extremamente interessante: estava aprendendo inglês. Ele perguntou-me: "O que o senhor acha disso?" "O que eu acho do que o senhor disse? Isso é horrível!" Ele perguntou-me o porquê de minha afirmação, ao que respondi: "Porque é uma indignidade pegar uma criança com seis meses de idade para estudar inglês! Eu aprendi inglês aos dezessete anos, falo-o bem, leio-o bem e, por isso mesmo , afirmo que não precisaria ter aprendido com seis meses, nem com dois anos!"

Existe uma corrida desenvolvimentista para fazer com que a criança aprenda cedo, para que conte os dedos cedo, para que saiba tudo, em detrimento da brincadeira e dos jogos, o que não é certo.

Desde que o indivíduo seja estruturado, a criança bem formada, passe o que quiser na mídia e nada se passará de negativo com a criança. Por outro lado, aquele que não teve atenção em casa, que não teve carinho em casa, a quem não foram ensinados valores e disciplina, será presa fácil da televisão. Esse, sim, é quem ateia fogo em índio, quem vê matar o outro com o canivete e vai matar no dia seguinte, esse é o que rouba, o que aprende tudo de errado com a televisão, mas esse é aquele que não teve uma formação adequada nos seus primeiros anos de vida, na minha opinião.

Estamos com essa situação de violência toda por quê? Porque existe falta de princípios, de valores, de limites, de disciplina e porque as famílias não têm mais tempo para as crianças. Se não têm tempo para as crianças, estão pagando o preço da violência urbana que vemos aí e estão pagando muitos outros preços, inclusive o de serem vítimas da televisão. Os pais têm de se conscientizar de que o menino bem estruturado consegue ver televisão sem se preocupar.

Vocês sabem que a televisão hoje é vista pela criança por um número de horas muito maior que o do ensino formal. Quer dizer, a televisão tem a oportunidade de ensinar muito mais do que o ensino formal. E agora vocês querem controlá-la? E os jogos eletrônicos? E a internet, vocês vão controlar também? E a saída noturna dos adolescentes, vocês vão controlar também? E vocês vão controlar os amigos dos seus filhos? Meus amigos, o segredo está na formação, na estrutura do cidadão. É aí que está o segredo de tudo. Infelizmente, os professores não sabem disso, os pediatras não sabem disso, e, pior de tudo, os pais também não sabem disso!

Aí, vocês perguntam: "E a mídia?" Tudo que está aí já foi denunciado, e estou absolutamente de acordo, inclusive no que se refere à qualidade da mídia. Mas o que é mídia? Invenção e formação.

Outra coisa: vocês acham que se colocarem programas educativos para a nossa sociedade, por exemplo, música clássica, vai dar Ibope? Eu acho que não vai dar. Alguns vão ouvir, mas serão poucos. A televisão é uma fonte de lucro e, como tal, produz o que a comunidade quer assistir. Cabe a nós, cidadãos, não aceitar esse tipo de programa como o que destacou a promotora, o do Faustão, que causou tanta celeuma a ponto de ser tirado do ar. Por que não fazemos isso? Não é isso o que costuma acontecer. Há até campeonato de audiência, programa com baixaria em campeonato de audiência! E as novelas? Novela, que poderia ensinar princípios e valores, o que é? Quanto mais se troca de mulher e de marido, melhor. O bandido sempre é o homem mais atraente e o pai, marido correto, sempre perde para o vigarista. É isso que a televisão está ensinando dentro da nossa casa. Mas, por quê? Porque nós deixamos. Dizem: "Ah, o pessoal da televisão..." Eles estão querendo ganhar dinheiro, porque tem muita gente que gosta disso.

Para finalizar, não a culpo pela má qualidade de nossa educação, como não culpo a aviação pela morte na aviação, como não culpo o automóvel pelas mortes no trânsito, assim como não culpo a eletricidade pelas pessoas que morrem eletrocutadas todos os dias, nem culpo o medicamento pelas mortes que às vezes se sucedem com seu uso, por vezes, indevido. A televisão entrou e vai ficar e,como um meio de comunicação, não serve para ser babá eletrônica. Sua função não deve ser educar os nossos filhos em princípios e valores. Ela está mais voltada para a formação do chamado consumidor mirim, incutindo na criança os desejos de compras. A televisão está aí, e temos de lutar por sua qualidade.

Meu voto é de que a televisão em si não é culpada, mas a qualidade da televisão é que tem de ser modificada.

Gabriel Grossi – Concedo a palavra ao Sr. Luiz Carlos Gonçalves Lucas, da Associação Nacional dos Docentes do Ensino Superior, que dará o quarto voto.

Luiz Carlos Gonçalves Lucas – Começaria com uma ressalva que provavelmente é evidente, mas mesmo assim sinto-me na obrigação de fazê-la. O que está em julgamento aqui é a mídia nacional como padrão geral de conduta. Sem dúvida nenhuma, há exceções: essa mídia não é um bloco monolítico, e podemos perceber entre suas facções diferenciações significativas. A revista *Caros Amigos*, por exemplo, faz parte da mídia nacional. Eu, em momento algum a condenaria; mas, se pensarmos justamente naquilo que é objeto deste julgamento e no que é o padrão geral de comportamento, acho muito difícil absolvê-la. Se pensássemos que a mídia e a educação brasileira são meras atividades de mercado, atividades nas quais se deve fornecer um determinado bem, de acordo com a demanda que tenha ou de acordo com o gosto do consumidor, em determinado momento, aí, sim, talvez devêssemos absolvê-la. Mas se pensarmos que mídia e educação são atividades que têm um caráter público e, portanto, devem estar submetidas ao interesse público, acho muito difícil absolver.

Considero difícil absolver a televisão, por exemplo, porque oferece produtos de má qualidade e de gosto duvidoso, dado que isso atende às demandas imediatas de mercado, quando sabemos que a formação do senso estético e de uma série de valores a respeito de civilidade e de sociedade é também o produto da própria atuação da mídia. Condeno-a principalmente por uma razão: no Governo Fernando Henrique, o discurso e a prática do conjunto das políticas públicas estiveram sempre enormemente dissociados. Nesse sentido, foi um Governo de mídia, um Governo em que se praticou a exclusão social até limites insanos, sob um manto, um palavrório de inclusão, e a mídia teve um papel absolutamente central na construção dessa imagem No conjunto das políticas públicas, talvez tenha sido justamente a da educação aquela em que mais isso se fez sentir.

Teríamos inúmeros indicadores, desde a escolha do Ministro da Educação, Paulo Renato, como o Homem do Ano até as diversas manchetes em que se falava sobre a revolução educacional brasileira. Não podemos desconsiderar que uma das coisas priorizadas no orçamento da educação brasileira foi, justamente, os gastos com publicidade. Isso, sem dúvida nenhuma, fez com que determinados setores da mídia fizessem muito bons negócios em troca da construção dessa imagem falsa.

Não vou estender-me muito. Vou citar pelo menos um dado referente à área que conheço melhor, que é a da educação superior no Brasil. Gostaria de lembrar que, quando tínhamos uma moeda sobrevalorizada, o Ministério da Educação inundou as páginas da Imprensa brasileira com dados quantitativos aparentemente neutros — as pessoas confiam muito nos números — que, na realidade, eram o produto de duas coisas: o desconhecimento da sobrevalorização da moeda nacional e, sobretudo, de um trabalho enorme de manipulação estatística que sempre foi feito no Ministério da Educação. Mostrava-se, por exemplo, que havia no Brasil um aluno universitário extremamente caro, e dizia-se que um país pobre como o nosso não poderia conviver com esse custo/aluno que nos colocava mais ou menos na média dos países da Europa. Isso era extremamente falso, porque, em primeiro lugar, como eu disse, desconsiderava o efeito da sobrevalorização da moeda, e, em segundo lugar, desconsiderava também o fato de que o Ministério da Educação sempre computou como despesas educacionais gastos em atividades que absolutamente nada tinham a ver com educação. Isso foi feito ao longo do tempo até para burlar o dispositivo contido no art. 212 da Constituição, que obriga a que 18% da receita líquida da União sejam destinados a finalidades educacionais. Isso foi burlado, e a mídia nacional divulgou sempre esse tipo de informação falsa. Poucas vezes pudemos perceber qualquer tipo de avaliação crítica por parte daquela.

A realidade é o oposto disso. Poderia citar apenas um dado. A Universidade de Harward, sozinha, tem um orçamento cerca de treze vezes superior ao do conjunto das instituições federais de ensino superior brasileiras; não apenas as universidades, mas outras instituições também. Isso nos dá a idéia da penúria a que chegaram as universidades do País, e raras vezes vimos na mídia brasileira qualquer discurso crítico em relação a esse tipo de situação.

Portanto, a mídia foi um componente central de uma política que, de forma deliberada, divulgou sistematicamente para a sociedade brasileira uma visão falsa de educação.

Por essa razão, meu voto é pela sua condenação.

Luiz Francisco Fernandes Souza – Agora falará o último jurado. Depois darei dois minutos para a acusação fazer ponderações e dois minutos para a defesa, e ouvirei três ou quatro professores inscritos. No fim, proferirei a sentença.

Passo a palavra ao Sr. Gabriel Grossi, editor da revista *Nova Escola*.

Gabriel Grossi – Aqui no júri parece que o meu voto não tem mais tanto valor, porque a questão já está definida. Ainda assim, gostaria de fazer algumas considerações sobre o que foi dito.

Para mim, não há dúvida de que a mídia não é a culpada pelo crime a ela imputado, como muito bem levantou Luciano Suassuna num dos argumentos da defesa, mas ela é, sim, culpada por boa parte dos problemas que vivemos no País, especificamente no que diz respeito à educação.

Por três ou quatro aspectos, como bem lembrou Luiz Carlos, nós da mídia fazemos, sim, a nossa parte. Porém, quando Eliane Catanhêde falou do jornalista, demonstrou que a despeito do que vimos fazendo ainda é pouco. Há muitos bons exemplos revistas, jornais e indivíduos que lutam corretamente em defesa da educação, mas ainda é muito pouco. Como instituição, não estamos fazendo a nossa parte. Por que não? Já foi dito aqui e é muito claro.

Existe um modelo econômico que privilegia isso. Eliane Catanhêde, no início da sua fala, lembrou que tanto as empresas de mídia impressa, que são particulares, quanto as empresas de radiodifusão, que são concessões públicas, visam apenas o lucro. O que lhes importa é ter publicidade, vender muito para que possam, então, contratar os jornalistas para fazerem seus trabalhos.

No entanto, acho que existe uma pequena distorção nessa história que se manifesta, sobretudo, nas empresas particulares de jornais e revistas: é a de que, ao não privilegiar e ao ignorar a importância da educação, elas estão, metaforicamente, dando um tiro no próprio pé. Porque, se continuarem ignorando essa situação, achando que se vai continuar vendendo jornais para 1% da população brasileira, ou para 0,1%, não se vai chegar a lugar nenhum. Até por uma questão de sobrevivência econômica, os donos das empresas também deveriam, na minha opinião, estar preocupados em melhorar a qualidade da educação e fazer o seu papel para ter mais leitores, nem que seja só para ganhar mais dinheiro, vender mais jornal, vender mais publicidade e aumentar esse círculo que se tornaria virtuoso, deixando de ser vicioso.

De tudo o que foi dito, eu acho que a mudança mais profunda talvez seja muito maior do que isso: seria institucional, econômica e governamental. A mídia, que é parte da sociedade, assumiu um poder muito grande, talvez pela sua própria constituição de fiscal do Governo, que deve ser mantida. Mas, no momento em que nos propomos a mudá-la, tornando-a mais efetiva no sentido de ajudar a melhorar a educação, devemos ter em mente de que essa missão é de todos, e não só da mídia. Ela não pode ser encarada como uma ilha que vai mudar por si só. Não. Isso não vai acontecer. A sociedade tem de lutar por isso, e os donos das empresas têm de compreender. Mas para que a mudança ocorra, é preciso que haja uma pressão oficial e da sociedade.

Quero lembrar um item elaborado pelo Dr. Antônio Márcio, que me chamou muito a atenção: a questão do exemplo. Eu concordo com tudo o que ele disse, mas, hoje, infelizmente, para o bem e para o mal —sobretudo para o mal— a mídia está dando muito exemplo para muita gente. As pessoas, e principalmente as crianças, têm na mídia o exemplo, e isso está errado, sim. Mas, no momento em que vivemos essa situação, e aproveitando que estamos julgando a mídia nesse pequeno palco, temos de considerar que, se o exemplo é fundamental e se a mídia dá o exemplo ela, que está dando um mau exemplo, deve, sim, ser condenada pelo nosso júri.

Finalmente, quero lembrar o que Terezinha disse. Como várias pessoas citaram, há ótimos exemplos, há exceções, há coisas que apontam para um bom caminho, às quais devemos dar um crédito de confiança e para as quais devemos pensar numa sentença que não seja tão cruel.

Deputada Esther Grossi – Passamos agora a palavra aos inscritos da platéia.

Silene – Meu nome é Silene. Sou Secretária de Educação de Barueri, São Paulo e uma assídua leitora sua, do jornal *Folha de S.Paulo*. Condeno a mídia, mas em especial, pegando um gancho na fala de Eliane Catanhêde, condeno a televisão. Em primeiro lugar, porque a televisão chega nacional e instantaneamente ao País inteiro, enquanto a mídia escrita, forçosamente, e até mesmo devido ao apelo da televisão, acaba reproduzindo uma boa parte do que aquela transmite. Condeno a televisão mais ainda porque ela é uma concessão pública, o que me leva a condenar também o modelo político vigente no País, pois, se é uma concessão pública, para que o interessado consiga a concessão deve cumprir determinados critérios, sendo um deles a destinação de um percentual da grade de sua programação à *TV Educativa*. E o que vemos, e assusta-me muito quando eu assisto televisão, é que programas bons, com educadores de renome e gabarito das universidades – como Pequenas Empresas & Grandes Negócios, por exemplo –, estão sendo transmitidos às cinco ou seis horas da manhã. Ou seja, o Governo adota aquele velho ditado "eu finjo que mando, você finge que cumpre, e estamos acertados". Então, amarra-se uma concessão na qual se deve cumprir um percentual para a *TV Educativa*, finge-se que ele é cumprido veiculando bons programas às 5h da manhã, e está tudo certo, como tudo o que acontece no Brasil.

Fiquei muito gratificada ao ouvir o testemunho do jurado da UNESCO, e até brinquei com a nossa psicóloga, porque a minha sugestão era de que, nessa amarração de critérios para concessão de canal de televisão — que normalmente é concedido para grupos políticos de deputados poderosos — esse percentual da grade de programação ficasse atrelado ao horário nobre da televisão. O Governo pode fazer isso, estabelecer essa condição para que se efetive a concessão. É bem verdade que os interessados teriam um lucro menor, mas a contribuição que dariam ao nosso País seria imensurável.

Quero também afirmar ao advogado de acusação, quando pergunta se há chance de sucesso de audiência a música clássica veiculada na televisão brasileira, que a chance é imensa, e sei que todos os educadores aqui presentes concordam comigo. Basta haver vontade por parte dos governantes. Nós, educadores, sabemos que a mudança de hábito e de atitude requer tempo. Então, é bem verdade que as nossas crianças não aprenderão a gostar de música clássica num curto espaço de tempo, mas eu acho que milhares de crianças aprenderão a ter esse gosto se a televisão se voltar para esse interesse. Só assim, com o passar do tempo, conseguiremos formar esse hábito nos nossos conterrâneos. Quanto ao *Telecurso*, ao passar às 5h da manhã, não dá ao trabalhador, que precisa sair para trabalhar, a chance de aprender e de ter um auxílio através da televisão.

Para finalizar, desculpe-me se sou simplista, mas percebo um ponto fundamental — não pensem que eu sou sonhadora, embora talvez o seja — quando vejo nossos grandes educadores falarem da nossa educação, mas seus filhos não se encontram matriculados em escola pública, da mesma forma como as atrizes de novelas não admitem que seus filhos assistam à TV. Eu tenho lido isso, Eliane. Os atores responsáveis pela TV e pela educação não deixam seus filhos assistirem a programas de televisão e não os mantêm em escolas públicas.

Ainda sonho que é possível. Parafraseando José Simão, do jornal *Folha de S.Paulo*, "estamos nas últimas semanas do bestiário "tucanês", passando, a partir de 1º de janeiro, ao óbvio ululante", e acho que será por esse óbvio e pela simplicidade das coisas que haveremos de encontrar um caminho mais bonito.

Deputada Esther Grossi – Com a palavra uma pessoa da platéia para defender a mídia.

(Não identificada) – Boa tarde. Primeiramente, cumprimento os representantes da Mesa e meus colegas professores. Vou ficar de costas para os senhores, porque desejo atingir o júri popular. Sou professora da Secretaria de Educação de Brasília.

Gostaria de defender a mídia. Por quê? Primeiro ponto fundamental: não podemos acusar ou julgar algo que não conhecemos. Infelizmente — não todos aqui, mas vou, de certa forma, generalizar — não somos bons leitores. Gosto muito de ler, mas não tenho muito acesso à leitura por falta de poder aquisitivo. E é preciso que, antes de julgarmos a mídia, nós a avaliemos, a leiamos e a entendamos. Quando permitimos que nossos filhos ou alunos fiquem toda a manhã assistindo a qualquer desenho, estamos errados. Por quê? Teríamos de sentar com esses alunos ou com nossos filhos e criticar, avaliar o que eles estão assistindo. Muitas pessoas só colocam as crianças em frente à televisão e não se sentam com elas para dizerem o que lá existe. Muitas de nós, como mães, não sentamos para brincar com os nossos filhos na hora da novela. Nesse horário, muitas vezes, eles nos incomodam. Estou colocando-me junto a essa classe, apesar de não fazer parte dela. Não gosto de novelas, infelizmente, devido às coisas erradas que assistimos em seus capítulos. Não assisto ao *Big Brother*, porque sempre soube que seria um programa inútil e acredito que somos responsáveis pelo que assistimos. Se a mídia nos faz programas malfeitos, mal direcionados e com baixarias e, mesmo assim, os estamos assistindo, ainda que seja para falar mal, estamos errados, pois estamos dando audiência para essa mídia, para essa televisão. E se tiverem muita audiência, por que hão de mudar os programas que apresentam? Então, somos responsáveis, sim. Somos responsáveis pelo que assistimos, pelo que produzimos e pelo que colhemos.

Temos de voltar nossa mentalidade para a leitura. Não adianta dizer aos nossos alunos que eles têm de ler, se não lhes damos exemplos de leitura. Nunca lemos livros, muitas vezes por acharmos que eles são extensos, porque o assunto é política ou porque o assunto não é do nosso meio. Então, não podemos condenar algo que não conhecemos. Minha defesa é nesse sentido.

Outra questão. Quando vamos ao restaurante, não comemos aquilo que não gostamos; então, por que vamos assistir àquilo que não nos agrada? Temos de escolher, sim. Temos de divulgar a cultura que aprendemos em outros meios que não seja a televisão. Para isso, temos de buscá-la. A conferência mostrou-nos muitos modelos de divulgação de cultura, de música. Não ensinamos música para os nossos alunos. Como vamos querer que eles gostem de programas de ópera, se eles não conhecem? E somos nós, os professores, que temos de mudar isso. Temos de mudar o nosso gosto, que não nos estimulado pelos nossos pais e professores quando éramos crianças. Só assim, com o nosso exemplo, poderemos modificar a mentalidade dos nossos filhos e alunos e a mentalidade também do povo de Brasília.

Agradeço a participação a todos os conferencistas de outros Estados. Ouvi alguns comentários que me deixaram um pouco envergonhada do povo de Brasília. Algumas pessoas disseram que muitos de nós não somos educados, porque não soubemos receber esse povo com a afetividade com que eles nos recebem quando saímos daqui. Eu consegui conversar com o pessoal do Sul do País e propusemos um intercâmbio entre os nossos alunos, já que eu trabalho com a educação de jovens e adultos. Isso é positivo. E muitas pessoas vão sair dessa Conferência e não conheceram ninguém de outros Estados, ou seja, não compartilharam, não dividiram, não repartiram conhecimento. Estamos aqui para isso.

Não vamos condenar a mídia se nós mesmos estamos interessados nas coisas que a mídia nos oferece. Nós estamos assistindo a programas indevidos, de baixa qualidade e que em nada nos acrescentam. Admiro o trabalho dos jornalistas. Há trabalhos maravilhosos. Eu acredito na mídia do nosso País, sim. Não acredito que ela deva ser condenada, mas que precise ser reavaliada. A mentalidade do Governo e a mentalidade do povo devem mudar. Mas eu não condeno, eu absolvo a mídia do nosso País.

Luiz Francisco Fernandes Souza – Para encerrar, daremos um minuto para a acusação, um minuto para a testemunha da acusação. Depois, gostaria de proferir a sentença. Vocês é que são os julgadores finais. Farei uma explanação bem rápida, e vocês fazem o julgamento final. Tudo bem?

Eliane Catanhêde – Vou abrir mão do meu minuto. Já se falou bastante e estamos conscientes do que foi discutido.

Luciano Suassuna – Concordo com Eliane.

Patu Antunes – Gostaria de dar um recado: em 2004 — vocês já podem se organizar, pensar, combinar, agendar — acontecerá pela primeira vez, no Rio de Janeiro, Brasil, a IV Cúpula Mundial de Mídia para Crianças e Adolescentes. Essa cúpula acontece de três em três anos. Nela será discutido o tema "televisão", como o foi nas últimas três. Apesar de a ANDI ser uma das apoiadoras, a organização está a cargo da Multi-Rio e da Mídia Ativa, uma ONG criada especialmente para esse evento.

Luiz Francisco Fernandes Souza – Um dos jurados quer explicitar um ponto.

Antonio Márcio Junqueira Lisboa – Quero deixar claro que a televisão, como meio de comunicação eu absolvo, mas não os programas que ela veicula, porque tenho entendido que os jurados estão falando sobre seus maus programas e sua omissão com relação à educação. Isso, sim, eu endosso. Se a decisão for no sentido de se condenar essa programação que não traz nada para o aprendizado das pessoas, ou praticamente nada, eu também a condeno. Mas o veículo, eu o acho excelente. E o inventor desse veículo disse que havia inventado o melhor meio de comunicação para divulgar o ensino e a cultura.

Luiz Francisco Fernandes de Souza – Vou falar bem rapidamente, apenas por dez minutos. Depois da minha intervenção, vocês farão o julgamento final, que é o que valerá.

Começo discorrendo sobre a distinção que faço entre os donos dos meios de comunicação social e os jornalistas. E, entre os jornalistas, também farei uma subdivisão.

Faço essa diferenciação em relação aos donos dos meios de comunicação social, principalmente os mais ricos, aqui entre nós, toda vez que vejo uma criança morrer de fome; toda vez que penso que há milhões e milhões de pessoas fora do sistema escolar; toda vez que penso — e tenho quase certeza — que o professor brasileiro é o pior remunerado do globo terrestre, se comparado com quase duzentos países no mundo inteiro; quando penso que são bilhões e bilhões de dólares gastos com o pagamento de juros das dívidas públicas, interna e externa – dívida essa que, segundo D. Paulo Evaristo Arns e todos os pensadores do Direito, já foi paga múltiplas vezes, e da qual nós somos os verdadeiros credores –; toda vez que penso que há analfabetismo no Brasil porque o Governo não investe em educação, porque o Governo prefere alimentar um grande número de latifundiários e de grandes industriais exploradores que não há investimento em educação porque políticos a soldo do grande capital, aliados a grupos econômicos exploradores, matam objetivamente a educação com estruturas econômicas homicidas. Enfim, toda vez que penso sobre tudo isso, penso em quanto os donos dos meios de comunicação ocultam essa situação, no quanto não pautam os jornalistas a esse respeito, na quantidade de matérias que escamoteiam a situação real do País. Agora mesmo, há uma ocupação magnífica dos professores na Secretaria de Educação, pleiteando justiça. Temos dez líderes lá, sujeitos à prisão e a serem processados, lutando por justiça. Se vocês abrirem o jornal não encontrarão nenhuma matéria sobre isso, mas basta que gente farsante, mentirosa e omissa, como Fernando Henrique e outros, dê uma palavra ou faça uma piadinha infame sobre a miséria, para ganhar manchetes. Não ganha manchetes a questão da denúncia contra a exploração, contra os latifúndios ou contra essa dívida.

Nossa Constituição previa auditoria da dívida um ano após a sua promulgação. Está no Ato das Disposições Transitórias que deveria ser implantada aqui no Congresso uma Comissão Mista com poderes de CPI para fazer uma auditoria da dívida pública, sob os olhos da Nação. Mas essa auditoria nunca houve.

Todas as vezes em que penso nisso, recordo cada criança que é alijada da educação, como disse aqui o professor de pediatria sobre as crianças de seis anos que são crucificadas e levam estigmas dos quais jamais se livrarão, e os grandes donos dos meios de comunicação não estão nem aí. Não se importam com a miséria dessas crianças. Então, devem ser condenados.

Com relação ao jornalismo investigativo, aos profissionais que tentam levantar matérias, escrevem livros sobre corrupção no sistema, colunistas que escrevem bons artigos — muitos passam noites sem dormir — acho que esses são nossos aliados naturais, e devemos esforçar-nos em tentar ajudá-los a produzir boas matérias. Ao mesmo tempo, devemos pressioná-los diretamente para que isso aconteça.

Por último, quero dizer que toda a nossa imprensa é "cartelizada", quase tudo é "trustificado". Todos aqueles meios, nossa televisão e nosso rádio, são concessões públicas, como disse Eliane. Mas não vemos televisões educativas e comunitárias, assim como quase não se vê rádio comunitária no País. De fato, boa parte de nossa Imprensa não é nossa, mas dos grandes grupos econômicos. E temos um dos maiores índices de desigualdade social do planeta.

Então, espero que o Governo que está começando — apesar de, a meu ver, estar começando mal, devido à sua leniência com relação à questão do foro e da improbidade, conforme denunciou hoje Jânio de Freitas — pressionado pelo movimento popular e pelo que há de melhor no movimento sindical, pelos professores, pela UNAFISCO (Sindicato Nacional dos Auditores-Fiscais da Receita Federal), enfim, por todas as categorias organizadas, dê um basta ao monopólio dos meios de comunicação e, assim, dê um basta a toda essa destruição da subjetividade.

Na minha opinião, em relação aos principais donos dos meios de comunicação, acho que deveríamos prendê-los por uns vinte anos e, talvez, colocá-los na situação em que vivem grande parte das crianças hoje em dia: no trabalho escravo.

Quanto ao jornalista investigativo, eu já diria diferente: muitos merecem medalhas. Pessoas como Jânio de Freitas e outros excelentes colunistas que também escrevem coisas maravilhosas, como Eliane Catanhêde, e cito o nosso defensor aqui, que escreveu um grande livro denunciando a corrupção, Luciano Suassuna, a exemplo de outros jornalistas. Esses são aliados naturais dos oprimidos, aliados do povo brasileiro.

Em relação aos outros, que se enriquecem, que moram em grandes mansões com gigantescos carros, que têm contas no exterior, ocultas, tudo o que quero é que haja um Governo correto para investigar um por um, para abrir grandes investigações fiscais, contábeis etc., principalmente sobre os grandes milionários do País, os quais, em regra, são criminosos de colarinho branco e sobre os grandes empresários, que, além de oprimir cada trabalhador brasileiro nas unidades de produção, também os oprimem como consumidores, porque têm trustes e cartéis, e por meio do mecanismo torpe da corrupção. Devemos, portanto, trabalhar em conjunto com os jornalistas investigativos para destruir cada um deles e levá-los à prisão, a fim de conseguirmos justiça social no Brasil.

Agora, vocês farão o julgamento por aclamação. Vou passar a palavra à Deputada Esther Grossi, para a condução do julgamento e, caso o veredicto seja a condenação, a idéia é de que haja uma subdivisão para a aplicação de penas sócio-educativas, a fim de condená-los a prestar serviços sociais, transformando-os em excelentes jornalistas.

Deputada Esther Grossi – Como já fizemos, vamos começar pedindo que batam palmas todos os que forem pela condenação da mídia, porque ainda há quem não aprende.

Agora, pedimos que aplaudam aqueles que são pela defesa, pela inocência da mídia, porque ainda há quem não aprende.

O Sr. Juiz é quem resolverá.

Luiz Francisco Fernandes Souza – Acredito que... posso estar enganado... vou deixar Luciano dizer quem votou mais.

Luciano Suassuna – Esse julgamento é maravilhoso, porque é o único que conheço em que a promotora vai sair condenada junto comigo.

Luiz Francisco Fernandes Souza – Então, já está bem claro que foi condenada.

Com relação à medida sócio-educativa, quem votaria para que os maus jornalistas, principalmente os donos dos meios de comunicação, fossem condenados a prestar serviço social e serem excelentes jornalistas?

Deputada Esther Grossi - Concluído o júri em que a mídia era a ré, agradeço a todos a preciosa colaboração nesta III Conferência Nacional de Educação – Cultura e Desporto.

Gostaria de agradecer, muito especialmente à imprensa pela cobertura que fez deste evento, que todos daqui saiam ainda mais apaixonados, mas também mais indignados, porque ainda há quem não aprende. Muito obrigada. Um grande abraço.

A política econômica como ré no júri:
POR QUE AINDA HÁ QUEM NÃO APRENDE?

Que relações existem, de fato, entre a educação de um povo e a política econômica adotada por seus governantes? A riqueza de um país pode ser alcançada e medida pelo índice de escolaridade de sua população? Fosse assim, porque a Argentina faliu economicamente, tendo os mais altos índices educacionais da América Latina?

A educação sempre foi tomada como fator de desenvolvimento de uma Nação. Por correlação, a construção de mais escolas e os investimentos na melhoria salarial dos professores são apontados sempre como fundamentais para a correção de problemas na área do ensino.

A questão social também é vista como impedimento para as aprendizagens.

Um povo que passa fome não vai à escola. A merenda escolar pode ser uma solução. A bolsa-escola também. Bolsa-escola e merenda escolar farta têm reduzido os índices de não aprendizagem e evasão? Têm formado cidadãos plenos e aptos não apenas a responder às demandas do mercado de trabalho, mas também para serem mais felizes?

Essas são as questões que o júri simulado, que vai julgar o papel da política econômica na melhoria da educação, tentará responder.

A política econômica como ré no Júri

Juiz: Ministro Márcio Thomaz Bastos - Advogado
Advogado de Acusação: Dr. Manoel Henrique Farias Ramos (representante
da Federação do Comércio de São Paulo)
Advogada de Defesa: Deputada Federal Yeda Crusius
Testemunha de Acusação: João Antônio Monlevade
Testemunha de Defesa: Eduardo Maciel
Jurados: Deputada Iara Bernardi, Deputada Maria Elvira, Mara Régia Di
Perna, Celso Crisóstomo e Douglas Martins Izzo.
Veredicto: culpada

Deputada Esther Grossi – Está com a palavra o juiz, advogado Márcio Thomaz Bastos, para dar início ao júri que terá como ré a política econômica — "Por que ainda há quem não aprende?"

Antes, porém, gostaria de enumerar as provas do crime: dezenove milhões de analfabetos absolutos acima de quinze anos; trinta e cinco milhões de analfabetos funcionais, também adultos; 50% de reprovação, a cada final de ano letivo, nas séries iniciais do ensino fundamental; 41% de repetentes no ensino fundamental, alunos fora da série correspondente à sua idade e, finalmente, apenas 0,7% dos alunos do ensino médio aprendendo o básico de cada disciplina.

Márcio Thomaz Bastos – Está aberta a sessão de julgamento em que saberemos se é culpada ou inocente, em relação à educação, a política econômica do Governo brasileiro.

Comecemos o julgamento.

Como a ré é a política econômica e não está presente senão simbolicamente, não pode ser interrogada. Ouviremos, em primeiro lugar, a testemunha de acusação, para a qual, peço que apresente suas razões sucintamente, no prazo de quinze minutos.

João Antônio Monlevade – Exmo. Sr. Juiz, Exmos. componentes do júri, educadores presentes. A política econômica no Brasil, que se caracteriza por definir as intenções e as ações com que o Poder Público interfere na vida econômica, na produção, no consumo e na distribuição de bens e riquezas, historicamente e nos últimos anos, tem perpetrado ações e intenções que, a meu ver, são responsáveis não somente pelo baixo aprendizado dos alunos como, principalmente, pela não-garantia dos direitos que a população brasileira já conquistou no campo educacional. Rapidamente, esses direitos, garantidos pela Constituição Federal e repetidos pelas constituições estaduais, pelas leis orgânicas municipais e pela LDB, podem ser resumidos na oferta obrigatória de ensino de qualidade para todas as crianças e adolescentes de 7 a 14 anos, no atendimento gratuito na educação infantil a todas as crianças que dela necessitam e no atendimento progressivo nos níveis ulteriores, como são o ensino médio e a educação superior, a tantos quantos mostrem capacidade de continuar a sua educação escolar e se preparar para a cidadania. Isso não somente no sentido de desfrutar de todos os direitos individuais e sociais, mas, principalmente, de contribuir como cidadãos produtivos, ilustrados e críticos para o desenvolvimento da nossa sociedade.

Ora, esses direitos, duramente conquistados no curso dos séculos e durante os últimos anos, foram em grande parte reduzidos pela política econômica.

Resumo minhas acusações nos seguintes termos: primeiramente, a política econômica priorizou o pagamento de juros das dívidas interna e externa, em detrimento dos gastos federais diretos em educação básica. Em 2002, ano que estamos encerrando, foi produzido um superávit primário de cinqüenta e cinco bilhões de reais para a União pagar, em dinheiro vivo, os serviços das dívidas interna e externa, enquanto gasta, no máximo, cinco bilhões de reais com a educação básica e sete bilhões de reais com a educação superior, ou seja, o mesmo valor que investia nos idos anos de 1995 e 1996.

Enquanto a política econômica disponibilizou, de forma crescente, reais e dólares para o pagamento de juros a serviço da dívida — uma dívida que parece cada vez mais pesada e impagável — a educação pública, tanto a básica como a superior, foi vítima de escassez nunca antes vista.

Em segundo lugar, a política econômica priorizou, em lugar dos impostos – como o Imposto de Renda, o Imposto sobre Produtos Industrializados e o Imposto sobre Grandes Fortunas, criado pela Constituição e nunca cobrado —, a cobrança de tributos, como as chamadas contribuições sociais — CPMF, CSLL, COFINS, PIS/PASEP —, que não são objeto de repasse para Estados e municípios nem são vinculadas à educação.

O que aconteceu nos últimos anos? A arrecadação do Imposto de Renda e do IPI, — dos quais 18% devem ser aplicados na educação federal e dos quais 21,5% se destinam ao FPE (Fundo de Participação dos Estados) e 22,5% ao FPM (Fundo de Participação dos Municípios) — ou ficou estagnada, como é o caso do IPI, ou sofreu um aumento muito menor do que as cobranças de contribuições sociais, como é o caso da CPMF entre outras, que não são aplicadas em educação — com exceção do salário-educação, que é específico para isso, mas cuja arrecadação é irrisória: cerca de três bilhões de reais. A arrecadação total de impostos no Brasil, destinados à educação, hoje chega a mais de cinqüenta bilhões de reais.

Em terceiro lugar, a política econômica não considerou a demanda real dos que têm direito à educação fundamental no Brasil. E quem são essas pessoas? São somente as crianças de sete a quatorze anos? Não. A Constituição Federal e a LDB dizem que o ensino fundamental é direito de todos. Uma pessoa de dezoito, vinte ou trinta anos, que não teve no seu tempo normal de escolaridade a oportunidade de concluir o ensino fundamental, tem o mesmo direito agora. E o que aconteceu no dia 24 de dezembro de 1996? Na calada da noite, na véspera de Natal, enquanto Papai Noel tentava chegar à casa de muitos e chegava à casa de poucos, o Presidente da República vetou a participação dos jovens e adultos nos recursos do FUNDEF.

E quais foram as conseqüências desse veto? Primeiramente, os municípios e Estados ficaram sem estímulo para criar mais cursos para jovens e adultos, pois, para estes, não havia recursos do FUNDEF assegurados para a matrícula. Pior, o dinheiro do ensino fundamental — equivalente a 15% dos impostos — a cada aluno jovem e adulto, que não lhes carreava recursos, tornava-se menor se dividido com todos os que tinham direito.

A segunda conseqüência — os Deputados aqui presentes sabem muito bem disso — é relativa ao fato de que o Governo Federal, que dá as cartas da política econômica no Brasil, ficou dispensado de complementar cerca de três a quatro bilhões de reais para os Estados, porque, não entrando jovens e adultos no cômputo do FUNDEF, o custo médio dos Estados não baixava, fazendo com que se enquadrassem dentre os que estavam acima do custo médio do FUNDEF estadual.

Em outras palavras, o veto do Governo teve como pretexto a afirmação de que o Brasil não sabia estatisticamente quantos eram esses jovens e adultos. Foi esta a alegada razão do veto. Mas, na realidade, o que aconteceu foi que o Governo vetou para inibir o investimento de prefeituras e Estados em alfabetização e educação fundamental para jovens e adultos.

O quarto item, se ainda me permitem, diz respeito à educação superior. A cada ano o Brasil forma cerca de dois milhões de jovens no ensino médio. Houve estupendo avanço na escolaridade básica. Entretanto, para esses dois milhões de jovens que se formam e mais todos aqueles que já não foram bem-sucedidos no vestibular, somente trezentas mil vagas são oferecidas nas universidades federais e estaduais. Vemos, portanto, o povo brasileiro condenado a pagar, hoje em dia, altas mensalidades nos cursos superiores para, em grande parte, ter de desistir no meio do caminho por inadimplência ou, pior ainda, conquistar um diploma que não lhe traz conhecimento.

A aprendizagem hoje é desqualificada exatamente porque a política econômica não destinou recursos financeiros para o crescimento da educação superior, cujas instituições federais passaram a ter cada vez menos recursos, desde 1995 até os dias atuais. Nominalmente, podem até ter crescido um pouco, mas, em reais, diminuiram.

Finalmente — todos já ouviram muito essa denúncia, mas é bom repetir — o Ministério da Fazenda instruiu o Presidente da República a desobedecer a Lei do FUNDEF, que estipulava o valor mínimo a ser repassado segundo o resultado da divisão da receita dos impostos do FUNDEF nacional pelo número de matrículas. Isso fez com que o valor de quatrocentos e vinte reais, em 1998, passasse a ser de apenas trezentos e quinze; em 1999, dos quatrocentos e setenta reais, foram destinados somente trezentos e quinze, com a desculpa da crise asiática, e, em 2002, o valor é de quatrocentos e dezoito reais para os alunos de 1ª a 4ª séries e de quatrocentos e trinta e oito reais para os de 5ª a 8ª e educação especial, quando deveria ser, no mínimo, de seiscentos e oitenta reais.

Novamente foi a política econômica, não o Ministério da Educação, tenho certeza, que recomendou ao Presidente Fernando Henrique Cardoso fixar o valor mínimo do FUNDEF abaixo do legal.

Este júri é constituído de pessoas que entendem de Direito e de Legislação.

Poderíamos arrolar muitos outros mecanismos perversos de interferência da política econômica no atendimento ao ensino, com a sua conseqüente redução de qualidade. Não quero deixar passar a oportunidade de dizer que foi exatamente por causa da política econômica que o FUNDEF foi criado apenas para o ensino fundamental. A proposta da sociedade, adotada pelo Partido dos Trabalhadores e formulada pela deputada Esther Grossi, era a de que fosse FUNDEB — Fundo da Educação Básica. Mas, novamente, para economizar recursos que foram desviados para outras áreas, o Governo Federal reduziu o FUNDEB, proposto em 1994, ao FUNDEF. O salário dos professores que, segundo havia sido acordado no Governo Itamar Franco, teria um piso nacional de trezentos reais, foi reduzido a um salário médio que hoje ainda está congelado na maior parte dos Estados do Nordeste, porque é manipulado e balizado pelo valor mínimo, e não são disponibilizados recursos suficientes para sua melhoria.

Como resultado, todos os presentes sabem, o professor, para viver, precisa de um, dois, três e, às vezes, até mais empregos. Com isso, não existe aprendizagem.

Concluo dizendo que, se somos pessoas bem-sucedidas no ensino, na aprendizagem, isso se deve ao fato de que algum dia os professores que tivemos foram capazes de nos ensinar e de ser pastores da nossa educação, de cuidar do que se passava em nossas cabeças. Mas, enquanto o professor for obrigado a manter jornadas e empregos múltiplos, estaremos condenados à má qualidade do ensino. Tudo devido à política econômica.

Márcio Thomaz Bastos – Agradeço ao Sr. João Antônio Monlevade o depoimento prestado.

Vamos ouvir agora a testemunha de defesa da política econômica, o Sr. Eduardo Maciel, a quem concedo a palavra pelo prazo de dez minutos.

Eduardo Maciel – Sr. Juiz, Exmas. Sras. Deputadas Esther Grossi, Yeda Crusius e Iara Bernardi. Sinto imensa satisfação em comparecer a este evento representando o Dr. Antônio Ermírio de Moraes que, em face de suas inúmeras obrigações diárias, viu-se impedido de estar aqui neste momento.

O tema educação, tão palpitante na vida do País e pelo qual tanto luta a Deputada Esther Grossi, realmente está a merecer a atenção de toda a sociedade. Acredito que o atual Governo, de forma bastante evidente e enfática, tornou esse tema prioritário, de forma que diversos mecanismos foram desenvolvidos com vistas a fortalecer a educação e, sobretudo, expandir a rede de ensino, viabilizando o ingresso de crianças às escolas. Acredito também que é extremamente necessário maior engajamento da sociedade nesse sentido, pois é dever de todos colaborar, não somente para melhorar a qualidade do ensino e a sua oferta, como também para promover a compreensão do problema e gerar o interesse de fazer com que o ensino chegue aos mais necessitados.

Vejo com muito entusiasmo o momento que o País está vivendo e acredito que a posição adotada por essa gestão do Presidente Fernando Henrique Cardoso, que priorizou a educação, veio para ficar. Doravante, todos os Governos terão de ter muito maior preocupação com esse tema, de forma que encaro com muito otimismo o futuro da causa da educação no Brasil.

Faço votos de que este evento muito tenha contribuído para que tornemos realidade esse nosso desejo de ver a expansão da aprendizagem no País, bem como um maior engajamento da sociedade nesse sentido e a melhoria da qualidade do ensino.

Era o que tinha a dizer.

Márcio Thomaz Bastos – Muito bem. Terminada a prova de acusação e defesa, vamos passar aos debates.

Em primeiro lugar, a Acusação, a quem concedo a palavra pelo prazo regimental de quinze minutos, no máximo.

Manoel Henrique Farias Ramos – Cabe-me, neste ato, a honra de representar a Federação do Comércio do Estado de São Paulo e, obviamente, agradecer à Deputada Esther Grossi por trazer a este ciclo um leigo, porque, na verdade, aqui estamos no meio de especialistas. Minha observação será a de um cidadão, e é bom que o cidadão tenha sua vez de falar. Talvez o cidadão não cometa os equívocos que, em regra, os especialistas costumam fazer: repetir erros. Talvez, por estarmos mais afastados e menos envolvidos com a situação, possamos ter uma visão mais crítica do que realmente é a educação.

Parece-me que, antes de entrar, tenho de sair um pouco do assunto, que foi extremamente aprofundado por parte da testemunha de acusação, sem mencionar a Deputada, que também fez uma síntese dos números, que claramente respaldam o que pretendíamos dizer.

Talvez devêssemos começar argüindo o papel da educação, sua privatização e sua parte pública. Estamos cada vez mais privatizando o ensino. Esse é o modelo que veio no bojo da globalização e que gostaríamos de apresentar. Quero citar o especialista canadense John Calvert, Presidente da Federação dos Professores da Colúmbia Britânica.

Em 1923, ele anunciou em seu livro *"Pandora's Box"* como estava sendo trabalhada a reificação (ou seja, a coisificação) da educação pelo NAFTA (Acordo de Livre Comércio da Améri-

97

ca do Norte), tornando-a um bem de serviço, igualando-a a uma mercadoria.

Isso é o que me parece extremamente importante. Na hora em que reificamos a educação e a convertemos em mercadoria, colocando-a no mercado, ela fica sujeita à competição. É claro que os países de economia hegemônica com certeza ditarão as regras que melhor lhes aprouver, e é isso o que temos de questionar.

Será que nos cabe aceitar isso dessa forma, principalmente se levarmos em conta a dimensão que ganha a questão, hoje, com os processos de telecomunicações e com a informática, em que alguém, do outro lado do mundo, está transmitindo, talvez ideologicamente, tudo o que quer?

Essa educação privatizada, financiada pelas grandes empresas, a quem vai servir? A quem vão servir realmente as pesquisas feitas nessas universidades? De que maneira vão ser elaborados os currículos para atender à demanda da sociedade? Esses questionamentos são fundamentais.

Lembro-me de quando era estudante — por incrível que pareça, virei empresário, embora pretendesse ser professor — e contava com disciplinas como Psicologia da Educação e Filosofia da Educação, além da influência de Paulo Freire que, àquela época, fazia-se extremamente presente. Ele dizia, o que foi dito aqui de certa maneira, que não basta aprender a ler. A esse analfabeto funcional, que não sabe o que lê, não é proporcionada a visão crítica da realidade, que, com certeza, estará comprometida com esse modelo de privatização. E, na falta da tão importante visão crítica, eu me pergunto: como fará suas reivindicações? Que condições tem ele de elaborá-las?

Vou falar do que foi discutido no plenário da Federação do Comércio:

"Eu acuso a política econômica de se ter transformado em um fim em si mesma, e não em um meio indispensável de promoção da cidadania e da dignidade humana, garantias que só podem prevalecer quando o direito inalienável de aprender tiver sido respeitado, desde o ingresso da criança no ensino fundamental até o momento em que, formado e capacitado, o estudante troca o banco escolar por uma colocação no mercado de trabalho.

Eu acuso a política econômica de priorizar o pagamento de juros a especuladores, promovendo o corte de verbas que faltam para o pagamento e o aperfeiçoamento dos professores do ensino fundamental nos grotões abandonados deste Brasil que, infelizmente, mudaram muito pouco em seu atraso estrutural desde que foram iluminados pelos gênios Euclides da Cunha, Guimarães Rosa e Graciliano Ramos.

Eu acuso a política econômica de promover uma inserção subalterna do Brasil no mundo globalizado, ao fazer do nosso sistema educacional um processo deliberadamente retardado, para que o valor agregado pelo saber do ser humano aos bens e serviços que exportamos não incomode os países desenvolvidos pela concorrência de seus mercados, que pretendem manter cativos para todo o sempre.

Eu acuso a política econômica de favorecer a ação predatória dos grandes conglomerados, que massacra as micro e pequenas empresas e compromete a diversidade cultural e a mobilidade social, premissas sem as quais não se poderá falar do ensino democratizado, seja fundamental ou superior. O aluno que não aprende hoje será o consumidor que não terá condições, nem saberá exigir os seus direitos no futuro.

Eu acuso a política econômica de aumentar os hiatos de educação e de renda brasileiros ante a experiência internacional. A renda *per capita* brasileira no início dos anos 1990 era de cinco mil dólares e equivalia a cerca de um terço da observada nos países industrializados (da ordem de quinze mil dólares). Se tivéssemos equiparado a educação formal de nossa força de trabalho com os padrões dos países industrializados, teríamos dobrado a geração de riquezas no País. Assim, os rendimentos da população brasileira saltariam de um para dois terços da renda das nações industrializadas, deixando transparecer que metade da enorme diferença existente até hoje se deve ao baixo nível de educação de nossa gente.

Eu acuso a política econômica de ter provocado uma reversão na luta contra o analfabetismo no País. Do início do século passado a meados dos anos 1950, a taxa de analfabetismo caiu de oito a nove pontos percentuais por década. Após esse período, a velocidade na queda da taxa passou a ser significativamente mais lenta: apenas três pontos percentuais, também por década. Mantida a velocidade da primeira metade do século xx, teríamos erradicado o analfabetismo. Com a reversão da marcha, precisamos agora de duas décadas, em vez de uma.

Eu acuso a política econômica de conspirar contra a pesquisa e o desenvolvimento científico, atividades essas praticadas quase exclusivamente nas universidades públicas, enquanto a maioria dos núcleos privados de ensino pouco faz além de emitir diplomas.

Eu acuso a política econômica de cercear o acesso aos meios para estudo, pesquisa, desenvolvimento e aprimoramento dos métodos, técnicas e tecnologias apropriados às necessidades brasileiras.

Eu acuso a política econômica de preservar uma estrutura educacional voltada para a reprodução mecânica de teorias e conceitos desenvolvidos nos centros mundiais de excelência, sem adequá-los à realidade brasileira.

Eu acuso a política econômica de manter as linhas gerais do modelo de ensino herdado de um Brasil escravocrata, no qual engenheiros, médicos e advogados pertencem à elite branca endinheirada, enquanto os negros, mestiços e imigrantes pobres nem sequer precisam saber ler.

Eu acuso a política econômica de, um século após a Lei Áurea, manter a educação média do brasileiro em níveis de qualidade inferiores aos da educação média de numerosos países de potencial econômico muito abaixo do nosso.

Eu acuso a política econômica de conspirar contra o desenvolvimento do Brasil, porque limita a possibilidade de acesso dos atuais e futuros trabalhadores e empreendedores brasileiros ao campo da informática.

Eu acuso a política econômica de sonegar os recursos indispensáveis ao uso intensivo de equipamentos e tecnologias de ensino.

Eu acuso a política econômica de privilegiar a importação de conhecimento tecnológico, sem atribuir ao nosso sistema educacional qualquer papel estratégico nos planos de desenvolvimento nacional.

Eu acuso, finalmente, a política econômica de não ser nem política nem econômica. Ela só merecerá esse título se e quando for capaz de promover um ensino de qualidade para todos, precondição necessária para o desenvolvimento socioeconômico sustentável do Brasil."

Márcio Thomaz Bastos – Por liberalidade, a Mesa está deixando a platéia se manifestar. No Tribunal, não há isso.

Vamos ouvir agora a Deputada Yeda Crusius, que, no prazo de quinze minutos, vai fazer a defesa da política econômica.

Deputada Yeda Crusius – Eu defendo e vou dividir minha defesa em duas partes. Na primeira, tendo ouvido com toda a atenção e respeito a testemunha e o advogado de acusação, vou defender a política econômica no que respeita ao que se conseguiu de avanços na capacidade de aprendizagem do Brasil, pela lógica da política social financiada pelos nossos orçamentos.

Começo pela segunda parte, a do argumento, que se repete e que faz sentido quando se olham números, principalmente quando se diz que se prioriza o pagamento de juros sobre as dívidas.

Quero ressaltar as razões pelas quais essa prioridade, na realidade, não se deu, na década perdida dos anos 1980. Não apenas não se priorizou nada, como não se fez nada. O pagamento da dívida não é uma prioridade, é uma condição mínima para que os contratos econômicos e sociais possam, principalmente, ter continuidade, como requer a educação e o processo de aprendizagem a longo prazo. Não é apenas o que acontece em um, dois ou três anos e, por isso, este é um país que, antes da política econômica em vigor, tinha um dos piores indicadores sociais que a nossa capacidade de vergonha poderia suportar.

Isso decompunha o tecido social. Esse processo pelo qual somos conhecidos aqui e na América Latina porém, teve um corte, apenas um corte. O processo de decomposição do tecido social é a quebra permanente do relacionamento e dos contratos e se materializa na inflação. A política econômica tinha

101

como linha de corte um programa de combate à hiperinflação. A história nós conhecemos, mas quebrar a inflação para quê? Para poder reverter os indicadores sociais que nos envergonhavam.

No que se baseou, então, a política econômica que diz que temos de pagar juros e fazer políticas sociais de tal maneira que cada real arrecadado vá para a mão de quem precisa e não se desvie? A prática econômica anterior gerava o clientelismo, o coronelismo, o patrimonialismo — e era isso o que precisava ser quebrado.

A lógica da política social que acompanhou a política econômica — nunca sem enormes debates sobre onde colocar cada milhão de reais, e nem falo em bilhões — era a de que precisávamos romper o Estado clientelista, coronelista e patrimonialista. O dinheiro público arrecadado tinha de percorrer um caminho que o fizesse chegar até o seu destino.

Na política econômica, propôs-se como financiar cada item necessário para se poder dizer que teve início a universalização dos direitos sociais básicos no Brasil. Como financiar a educação fundamental? Com o FUNDEF. Está incompleto? Sem dúvida. Qual a lógica da educação a que posso me referir? A lógica é a de que a co-responsabilidade entre os entes federativos deveria estar contida em lei — além dos municípios, como era a princípio, União e Estados também financiam o ensino fundamental. Como se vai compor esse fundo e para onde ele se dirigirá é uma permanente discussão.

Em segundo lugar, não é em Brasília que se decidirá como a cidade de Teresina aplicará seu processo de acesso à educação, ou como Jóia, município muito pobre do Rio Grande do Sul, fará o mesmo. Quem ditará tais regras serão os agentes de educação, para os quais o FUNDEF deve dirigir seus recursos destinados ao município e à escola.

Os Conselhos Municipais e os responsáveis pela gestão do dinheiro público é que são os responsáveis pela lenta, mas segura reversão do quadro, de modo a fazer com que, no ensino fundamental, todas as crianças vão à escola e que se melhore a qualidade desse ensino.

Foi esta a lógica para a educação e também para a saúde: descentralização e municipalização dos recursos públicos dirigidos ao financiamento dos direitos sociais básicos à educação e à saúde. É por essa lógica que os agentes responsáveis por essas duas áreas, desde que brasileiras e brasileiros, serão premiados no dia 9 de dezembro de 2002, segunda-feira que vem, na ONU. É através do resultado da lógica dessas políticas sociais de longo prazo, que, de maneira sustentada, revertemos para a Nação o dinheiro que se desviava pelo coronelismo, clientelismo e patrimonialismo.

Para a educação, está vinculado um volume dos impostos, mas isso não é suficiente para garantir o direito de todo o cidadão brasileiro a aprender. É preciso dar uma mínima condição de igualdade ao aprendizado e à vida como um todo. Vamos aos fatos: 1,5 milhão de portadores de deficiência recebem, no Brasil, renda de prestação continuada — antes, ou ninguém recebia ou alguém se apropriava do dinheiro; sete milhões de trabalhadores rurais recebem a justa aposentadoria, mesmo sem ter contribuído para tanto; a merenda e o transporte escolar chegam ao município e à escola; o livro didático é uma realidade; houve a construção de quadras de esportes para convivência e retirada, em outros momentos, das crianças da rua; é dado apoio a todas as formas de cultura — em Passo Fundo, temos a cultura no círculo da jornada de literatura, por exemplo.

Os recursos públicos dirigidos à educação ganharam uma lógica que está implantada e vai se aprofundar, não tenho a menor dúvida, passando a incluir a alfabetização na problemática da fome.

Eu defendo a política econômica, e o faço a partir de alguns argumentos muito ricos da testemunha e do advogado de acusação. É exatamente aos grotões abandonados deste Brasil que os recursos para a educação chegaram por meio dessa lógica. Ouvi o discurso lido pelo advogado de acusação.

O chamamento da sociedade a essa responsabilidade, como disse o advogado de defesa, exigiu do Congresso Nacional a aprovação de leis básicas, como a de responsabilidade fiscal, de organizações sociais, organizações da sociedade civil de interesse público, ONGs e OCIPs (Organização de Sociedade Civil de Interesse Público). A comunidade assimilou essa responsabilidade, para ajudar a reduzir esses indicadores sociais.

É claro que eu chamo como testemunha de defesa também o coletivo das professoras do interior do Nordeste.

Foi a esses grotões, repito, que a educação chegou. "Por que ainda há gente que não aprende?" Não foi por uma política econômica que se conseguiu, com sacrifícios coletivos, a conquista coletiva de não retirar de um dia para o outro a capacidade de adquirir a comida básica, a alegria básica, a esperança básica.

Outros programas foram financiados e, a duras penas, conquistados. É preciso lidar com toda uma cultura regional. Foram financiados e ganham renda mínima de prestação continuada todos os trabalhadores infantis retirados de onde a economia colonial e perversa ainda os colocava e, finalmente, quase não mais os coloca neste começo de século.

Eu defendo a política econômica, com base nos argumentos aqui apresentados pela testemunha e pelo advogado de acusação: é por financiar o ensino fundamental que há dois milhões de novos agentes de ensino médio por ano; é por financiar a lógica de uma política que impede os desvios do coronelismo, do clientelismo e do patrimonialismo que o Brasil saltou, em dez anos, no *ranking* mundial da produção científica, do 78º para o 17º lugar — e não fomos nós, testemunhas e advogados de defesa, que chegamos a essa estatística.

Mais do que isso, cidadania é fazer com que o dinheiro arrecadado chegue ao seu destino. Cidadania é fazer estatísticas, sim, para sabermos quantos somos — os analfabetos, as famílias que têm crianças na escola ou fora dela — e para toda a lógica de um bolsa-escola, de um bolsa-alimentação, de programas de prestação continuada de renda aos que mais necessitam: primeiramente, precisamos saber quantos somos em cada grupo de risco; depois, alcançá-los com o dinheiro público, que nunca chegava até eles.

Portanto, eu defendo a ré, e o faço dizendo que, por meio de uma política econômica, que jamais é simpática, que sem-

104

pre requer transformações e custos, em vez de estarmos condenados ao que éramos, estamos livres para decidirmos e ser o que queremos ser. É todo o matiz democrático das políticas sociais, como as que temos na educação, que nos permite fazermos essa escolha.

Portanto, a política econômica é inocente.

Márcio Thomaz Bastos – Depois de ouvirmos a Acusação e a Defesa, em igualdade de condições, vamos entrar no processo de decisão.

Como vamos fazer isso? Em primeiro lugar, tomarei o voto da platéia, que servirá como indicador para os jurados. Farei no estilo de programa de auditório, pois me parece o jeito mais prático, ou seja, pedirei a todos os que estiverem de acordo com a Acusação, que dêem uma salva de palmas.

E, para aqueles que estiverem de acordo com a Defesa, absolvendo a política econômica do Governo, peço, igualmente, que dêem uma salva de palmas.

O que aqui fizemos foi o que acontece em um tribunal do júri, quando este recomenda que uma pena seja mais alta ou mais baixa, ou quando recomenda a absolvição ou condenação de um réu.

Agora, tomarei os votos dos jurados, que responderão "condeno" ou "absolvo" e, posteriormente, proclamarei o resultado.

Primeira jurada.

Mara Régia di Perna – Aceito a recomendação da platéia e condeno a política econômica.

Márcio Thomaz Bastos – Um voto condenando.

Celso Crisóstomo – Por entender que foi a política econômica que orientou os vetos ao Plano Nacional de Educação; que foi a política econômica que subtraiu duzentos reais por aluno/ano dos municípios; que é impossível, com treze reais e seis centavos, oferecer merenda para as crianças; que as políticas de jovens e adultos foram um verdadeiro paralelismo sem êxito; por pensar em D. Hélder Câmara, que dizia que, se não tivesse estudado, seria um menino de rua e chegaria a furtar — porque, quando a situação é de extrema necessidade, os bens se tornam de todos, e isso a sociedade diz que é crime, é violência; por entender, enfim, que tudo isso é causado pela política econômica, acolho a indicação da Acusação.

Deputada Iara Bernardi – Seguindo a orientação da nossa platéia, selecionada entre professores e educadores de todo o País, pelos números e indicadores educacionais brasileiros alarmantes — e eles foram citados pela própria Defesa — que nos envergonham frente a países da América Latina e de todo o mundo; pelas avaliações internacionais, que também apresentam indicadores terríveis da situação brasileira; pelos milhões de analfabetos brasileiros que até hoje não tiveram oportunidade de estudo; pelas milhares e milhares de crianças brasileiras que vão à escola e não aprendem; por um piso salarial unificado no País para todos os professores, até hoje não implantado; por todos os vetos até agora feitos pelo Presidente da República ao Plano Nacional de Educação; por tudo isso, eu condeno a política econômica do Governo. Acredito que ela é responsável pelos indicadores educacionais que nos envergonham frente aos países da América Latina e do mundo.

Deputada Maria Elvira – Ressalto, por questão de justiça, o brilhantismo da defesa feita pela colega Yeda Crusius, mas condeno a política econômica por ter dado, nos últimos anos, preferência absoluta ao pagamento dos juros da dívida externa e às orientações do FMI (Fundo Monetário Internacional) que, por sua vez, sempre deixou as preocupações e os compromissos sociais dos Governos com seu povo em segundo plano.

Por isso, condeno e voto contra a política econômica, defendendo a idéia de que, com o novo Governo, a educação será o cerne, o esqueleto de todos os investimentos, porque, sem dúvida nenhuma, apenas por seu intermédio se constrói a cidadania, o desenvolvimento e o futuro de uma nação.

Douglas Marins Izzo – Eu condeno a política econômica do Governo devido ao veto do Presidente FHC à aplicação de 7% do PIB na educação.

Eu condeno a política econômica do Governo, que propôs um fundo que relega a segundo plano o ensino médio, a pré-escola e o ensino de jovens e adultos.

Eu condeno a política econômica do Governo, que faz com que o salário dos professores brasileiros esteja entre os três piores do mundo.

Eu condeno a política econômica do Governo, que sucateou a universidade pública nos últimos oito anos.

A população do Brasil apontou, nas últimas eleições, que quer uma mudança. E a mudança na educação só será possível com investimentos, com a democratização, com o acesso e a permanência do aluno na escola, com a formação e a capacitação continuada dos professores, que precisam de salário digno. Só assim poderemos construir uma escola pública de qualidade para todos.

Márcio Thomaz Bastos – Muito bem, como todos vimos, o resultado unânime foi a condenação da política econômica do Governo Fernando Henrique Cardoso.

A sentença vai ser dada agora com base no veredicto dos jurados e vai repetir a do dia 27 de outubro: a condenação da política econômica do Governo Fernando Henrique Cardoso pelo voto de uma maioria de 70% da população brasileira.

Agradeço à Deputada Esther Grossi pelo trabalho preciso que está fazendo e o honroso convite que me fez.

Declaro encerrada a sessão.

Deputada Esther Grossi – Agradeço a todos a preciosa colaboração neste júri.

O que são as audiências públicas e os debates?

São, na verdade, testemunhos dos nossos convidados. A partir da idéia básica de que todos também freqüentaram escolas e tiveram mestres, eles são chamados à III Conferência para falar sobre a aprendizagem pela qual passaram ao longo da vida, incluindo a dos dias atuais, e como pretendem continuar aprendendo.

Cada um dos convidados presentes às audiências públicas também falará sobre o processo pelo qual passou até chegar à atuação como profissional.

As suas experiências, como produtores de ensinamentos, também estarão em pauta.

Além disso, os artistas e os desportistas que, em sua maioria, afirmam que são o que são apesar da escola, poderão traçar características para que as escolas passem, elas também, a ensinar essencialidades do viver.

Cultura
Beethoven, forró e samba
HELENA HERRERA

Começarei por aquilo que considero a coisa mais importante na vida de todos nós: a educação. Direito do ser humano, ela constitui o meio de alcançar conhecimentos que nos permitirão a felicidade, cuja principal condição é o saber. Não sendo mercadoria, o saber é um direito assegurado apenas pela educação.

Penso, realmente, que o mais importante da vida é a educação. Esse tema é ainda mais importante para as nações americanas. Venho de uma ilha de onze milhões de habitantes, enquanto vocês pertencem a um grande continente que reúne inúmeras culturas sob quase uma só língua. Pertencem a um lugar maravilhoso chamado Brasil, onde há muito por ser feito pelo ensino, embora não se possa fazê-lo em um dia, em uma semana, em quatro ou mesmo em vinte anos. Penso que nunca serão muitos os projetos que se façam em prol da educação, em qualquer parte do mundo, sobretudo no Brasil.

Como a música entra nessa história? Ora, ela também é um meio de educar pois, através dela a pessoa pode se encontrar consigo mesma, encontrar a beleza que há a seu redor e começar a entender que há algo além do simples fato de ter de trabalhar para viver.

Para mim, musicista, a música é a mais importante de todas as artes. Quando estudantes, durante a adolescência, discutíamos os poetas, os pintores, os dançarinos e os músicos e cada um defendia a idéia de ter sido sua arte a primeira a aparecer na história do homem. Nós, músicos, argumentávamos que o som sempre existiu e que o homem se comunicava com ele antes mesmo de ter adquirido o sentido da palavra e, portanto, a música viera primeiro. Os poetas contra-argumentavam dizendo que a poesia surgira antes que a música, porque a entonação da poesia já criava uma maneira de comunicação entre os homens, ao que replicávamos que entonação já é música, não poesia.

Era um debate interessante e gostoso que travávamos à época em que estudávamos juntos, porque, em meu país, àquela época, todos os artistas estudavam na mesma escola, que hoje já não existe, por ter sido dividida.

Aos dezoito anos de idade, entrei para a Escola Nacional das Artes, que concentrava os estudos de dança, artes plásticas, arte dramática e música. Tomávamos café da manhã, almoçávamos e jantávamos juntos. Realizávamos trabalhos sociais e agrícolas em determinado período do ano, mas estávamos sempre todos juntos. Assim como eu era obrigada a assistir aos espetáculos de dança e às exposições de artes plásticas, dançarinos e artistas plásticos e dramáticos eram obrigados a assistir aos concertos de música. Foi uma época maravilhosa da minha vida, quando, mais importante do que a técnica era o saber da arte, aprender a tomar a arte em nosso próprio benefício para saber transmiti-la aos demais seres humanos. Talvez eu ainda não tivesse, naquele momento, consciência da importância que teve para mim a educação.

Embora minha mãe e meu pai fossem pessoas humildes, eles tinham alto sentimento de que a educação era a coisa mais importante para seus filhos. Para mim, o núcleo fundamental da formação está no pai e na mãe, os únicos capazes de oferecer aos seus filhos, desde bebezinhos, a orientação necessária que os venha a fazer ir à escola, estudar e ir aprendendo à medida que crescem.

Outro dia fiquei sabendo que o cérebro humano termina de se formar depois do nascimento. Pai e mãe, portanto, têm de colaborar para que o cérebro da criança atinja o máximo de sua capacidade. Falo como leiga, de coisas que não conheço bem, mas o que vi e o que li sobre elas me permitem dizer-lhes que pai e mãe são a verdadeira base da educação.

Minha mãe cantava e, embora adorasse canto, não pôde estudar música. Quanto a mim, comecei minha formação musical aos quatro anos de idade, como se fosse um brinquedo que me permitiria desenvolver uma arte. Esse brinquedo me fez, ao entrar na universidade em 1966, largar tudo pela Escola Nacional de Artes, onde eu, que já tocava piano, fui admitida para me aperfeiçoar musicalmente.

Quando contei a meu pai que largara tudo para estudar música, ele ficou preocupado e foi falar com minha professora de piano, que se chamava Glória. Perguntou-lhe se achava que eu teria sucesso na profissão. Dona Glória respondeu a meu pai que certamente, porque eu tinha o dom da música, tinha talento. Então ele perguntou se eu ganharia alguma coisa como musicista, ao que ela respondeu que sim.

O fato é que a vida me foi levando pelo caminho da pedagogia. E comecei cedo: entrei na Escola Nacional de Artes aos dezoito anos e, aos dezenove, já ensinava — a idéia da regência somente veio muito depois. Hoje estou com cinqüenta e quatro anos.

Tudo se iniciou com a assinatura de uma publicação chamada *Apreciação Musical*, que trazia músicas com detalhes simples de gravação e corais. Íamos a hospitais, fábricas, centros do Exército, entre outros lugares, para dar palestras sobre música. Fazíamos isso a cada quinze dias, por uma hora, para várias pessoas. Percebi que havia muita lógica na estrutura musical e, com isso, aprendi muitas coisas importantes, sobretudo metodologia: não há educação musical ou qualquer outro tipo de educação sem metodologia.

À época, dizia que não ficaria sentada atrás de uma mesa, escrevendo, pois preferia falar, cantar, tocar. Entretanto, foi a metodologia que permitiu àquele país de onze milhões de habitantes implantar quatorze escolas de música, quatro escolas de nível superior e uma universidade onde se aprendia música, dança, balé, artes plásticas etc. Como disse no início, não basta um dia, não basta uma palestra anual sobre educação: é necessário que se crie mecanismos que possibilitem ao que se plantou vingar e prosperar.

Há dois aspectos fundamentais na música: o técnico especialista em música e a música como direito de todos. Tenho vivenciado muitas coisas ao longo dos anos em que trabalhei como pedagoga. Dentre elas, o grande preconceito com que a música erudita é recebida nas zonas urbanas e o grande acolhimento que ela tem nas zonas rurais. Levamos ópera às roças, às montanhas, e os cultivadores de roças adoram o que ouvem. Já as pessoas da cidade, aí incluídos os universitários, classificam o gênero como caduco, morto, apreciado apenas pela elite capaz de pagar por ingresso.

Ora, a ópera é uma das maiores manifestações da arte: é a arte que reúne as artes plásticas, a dança, o balé, a poesia e o teatro. Como convencer uma platéia como esta da grandeza da música de Beethoven, por exemplo? Eis onde se faz a ligação entre o povo e o músico especialista, porque o povo é musical por natureza. Tenho um grande amigo que, embora seja uma pessoa simples, sem conhecimentos musicais, toca sanfona de um jeito que eu nunca seria capaz: ele praticamente nasceu tocando sanfona e canta afinado. Da mesma forma, todos os aqui presentes são capazes de dançar. Observei a incrível musicalidade que há no Nordeste brasileiro. No Brasil, em meu país e em todas as partes do mundo, a música não pode ser separada do povo pelo especialista, que é quem costuma afastá-la da platéia. Nós é que somos culpados por impedir que a música seja o que deve ser. Para que ela existe? Apenas para que possamos dançar e nos divertir? Não. A música é para ser desfrutada permitindo, assim, que a mente se desenvolva e o ser humano seja mais completo.

Tomemos, por exemplo, a grande arte da pintura. Lembro-me de que, todos os anos, assistíamos ao Salão de Maio em meu país. Eu olhava um quadro e dizia que via um cavalo, enquanto outra pessoa olhava o mesmo quadro e dizia ver uma rocha, enquanto outra, ainda, acreditava ver um elefante.

Em se tratando de arte abstrata, como era o caso, não precisávamos de alguém que nos explicasse o quadro. Cada um falava uma coisa diferente, segundo aquilo que lhe era transmitido pela tela em questão: um via o mar onde outro percebia o deserto. Algumas obras tinham título; outras, não. Na que se chamasse "O Cavalo", por exemplo, víamos um ca-

114

valo; a que não tivesse título, era interpretada da forma como queríamos, segundo o que nos sugeria a imagem.

Pensemos agora na literatura. Leio muito, por gosto. Leio e faço a crítica do que leio. Conheci a literatura brasileira antes de vir ao Brasil. *"Memórias Póstumas de Braz Cubas"* foi leitura obrigatória durante o curso de 2º grau em meu país.

Pois bem. A música tem um problema que as demais artes não têm. O criador compõe a sinfonia, a ópera, o *intermezzo*, a dança, mas poucos são capazes de lê-la — se eu der aos senhores o papel onde a composição está escrita, não entenderão nada. Faz-se necessário, portanto, alguém como eu para servir de ligação entre o criador e a platéia. Assim, se desempenho mal meu papel, a audiência perceberá a obra como uma coisa muito chata; pelo contrário, se o desempenho bem, poderei demonstrar-lhes tanto a grandeza da música de Beethoven como os encantos da música do Século XX. Depende de mim, portanto, passar a boa ou a má imagem do músico.

Houve uma época neste País em que o Sr. Heitor Villa Lobos levava milhares de jovens aos estádios para cantar, seguindo o guia prático que ele criara. Chegou a reunir mais de quarenta e cinco mil pessoas em um estádio e chamou a obra de "Canto Orfeônico Maior". Os coros são uma coisa fantástica e é fundamental que eles existam em todas as partes, principalmente nas escolas. O ensino de apreciação musical é necessário e sua forma mais importante é a do coro, porque cantar aproxima a pessoa da música, fazendo-a se sentir músico. E o músico nada é sem a platéia.

A coordenadora da Mesa, Maria José, pergunta-me se o estudo da música faz parte do ensino normal em Cuba. A resposta é não. Embora eu ache que a música devesse ser ensinada em todas as escolas, o fato é que há, naquele país, diversas escolas musicais voltadas à formação de especialistas, as quais as crianças começam a freqüentar aos sete anos de idade. Nelas, cursa-se o 1º grau ao mesmo tempo em que estuda música. Para passar para o 2º grau, presta vestibular. Se reprovada, a criança segue para o 2º grau geral. Se aprovada, prossegue estudando música juntamente com o curso de 2º grau. Depois, presta novamente vestibular para estudar música na Faculdade, como acontece com a dança, o balé e as artes plásticas.

Existem, portanto, quatorze escolas de nível elementar, quatro de nível médio e uma universidade onde se pode estudar música. Freqüentam-nas tanto os que pretendem se profissionalizar como músicos quanto os que a vêem apenas como um *hobby*. Esse é o motivo pelo qual música não tem feito parte do ensino na escola geral.

Tendo em vista a preocupação com a metodologia de que falei, criamos um plano para formar professores no âmbito do magistério geral e criar especialidades em artes para os pedagogos: na verdade, é um instituto pedagógico, como a Escola Normal, em que o professor, em igual período de quatro anos de Licenciatura em Pedagogia, estuda uma arte específica. Depois, ele se especializa para ensinar artes nas escolas gerais.

Não sei se isso dá bom resultado. Sou mais partidária da idéia de se criarem bandas e coros obrigatórios nas escolas gerais em vez de se ensinar solfejo e flauta — é o que penso, é o jeito mais prático. Um menino de sete ou oito anos de idade não gosta de se sentar numa aula e escrever notinhas. Ele gosta é de um pandeiro na mão, para tocar um samba ou um forró, que é o que ele escuta. Não tenho preconceito com nenhuma dessas modalidades de música: adoro forró e samba. A partir do forró e do samba, é possível levar um menino a conhecer Beethoven, que gostava muito das danças de sua época. Se existisse forró à época de Beethoven, ele teria gostado. Ou, se tivéssemos um Beethoven em nossa época... O grande criador de hoje está nesta sala, mas não sabemos seu nome. Há grandes criadores musicais hoje que utilizam o samba ou o forró, mas não são conhecidos por nós. Por quê? Porque não temos criado mecanismos para dar à platéia o recurso. Sou uma só pessoa, mas me ponho à disposição desta Mesa e de todos vocês para criar um grupo que trate a música como ela deve ser tratada.

O prazer do movimento
DÉBORA COLKER

Estava pensando sobre qual a melhor maneira de, em tão pouco tempo, falar sobre a importância de estimularmos e obtermos, dentro do processo de educação, o prazer do movimento, cujas possibilidades me encantam. Estávamos falando sobre dança, balé. Na verdade, a dança é a possibilidade de se expressar através do movimento, seja ele do tipo que for. Qualquer gesto, até mesmo o do cotidiano, como, por exemplo, uma pessoa olhando para mim, é um repertório de movimentos. E a dança pode abarcar tudo isto, o balé clássico, as danças populares, a dança moderna e o *jazz*, nome que, para nós, soa meio estranho. Como esse nome surgiu? Veio de onde? Enfim, ele se imprimiu no Brasil. Há também as danças de rua, o samba e a dança contemporânea, em que há a possibilidade de o artista atual se expressar de modo que consiga misturar elementos de composição e decidir a melhor maneira de se comunicar com as pessoas. Entendo a dança como uma possibilidade de comunicação.

Na época em que comecei a dançar de verdade, aos quinze ou dezesseis anos de idade — hoje tenho quarenta e um — não havia nenhuma escola de dança como, por exemplo, a Escola das Artes em Cuba, que Helena Herrera mencionou, misturando artes plásticas, dança e música. Aqui no Brasil não havia escolas e, sim, academias, espaços em que havia aulas de balé, de jazz ou de dança moderna. Porém, não existia uma escola que ensinasse um pensamento, um método, um sistema, uma forma de organizar e focar o desenvolvimento da dança. Mas eu queria aquilo de qualquer maneira. Então, corri atrás de todas as possibilidades de aula em diferentes lugares do Brasil. Se eu soubesse que havia um bom professor em São Paulo, em Minas Gerais, em Brasília, eu ia atrás, tentando juntar as informações, as possibilidades de conhecimento e formando a pessoa que eu vim a ser hoje em dia. Fui conhecendo muitas pessoas importantes nessa história. E é interessante frisar que as pessoas importantes dentro do meu processo de aprendizagem foram desde as mais acadêmicas — como Tatiana Lescova, Eugênia Fedorova, ícones do balé clássico, emblemáticas e fundamentais, porque introduziram seu estudo aqui no Brasil — até as totalmente irreverentes, que, na época, eram a vanguarda da dança contemporânea no País, como Graciela Figueroa, uma uruguaia que esteve muito aqui em Brasília e no Rio de Janeiro, Angel Vianna, que hoje tem uma escola de dança contemporânea, assim como vários outras pessoas que estudam e repensam as questões pertinentes ao movimento.

Assim, fui juntando e conseguindo aumentar cada vez mais meu prazer e minha vontade de fazer, de estudar e de me aprofundar na dança. Isso é o mais importante, é poder, por meio do estudo, aumentar o prazer, porque, para mim, a maior possibilidade que temos de nos desenvolver é por meio do conhecimento. Esse conhecimento pode ser acadêmico — aliás, creio que deve ser acadêmico também — mas existem outras formas de adquirir conhecimento, e a própria academia ou a própria escola devem estimular essas novas possibilidades, que são descobertas pessoais, através de caminhos mais tortos, mais rápidos, mais espirais, não importa. O que importa é que a possibilidade acadêmica é uma oportunidade de se organizar, de ter um sistema, um método, uma disciplina. Isso inegavelmente ajuda muito. Posso afirmá-lo porque tenho uma companhia há dez anos, onde o mais importante diariamente é disciplina, método, sistema, é encontrar o caminho mais simples, mais eficaz; enfim, ter eficiência no trabalho, mas sempre alimentando o prazer, o gostar, a sensação, a memória de que se faz aquilo de que se gosta e, cada vez que se conhece mais, gosta-se mais.

Na verdade, às vezes penso que não passei por esse processo acadêmico, uma vez que não estudei Dança. Fiz faculdade de Psicologia e, nesse período, quando também comecei a estudar dança, tive a oportunidade de estudar piano, instrumento que, atualmente, estou tocando num espetáculo. Também já fui jogadora de vôlei. Então, qual a conclusão que tiro por ter tido uma formação tão eclética? O esporte foi importante pois trouxe-me dados e informações essenciais; o piano, igualmente, por me obrigar a trabalhar e estudar sozinha, a ter disciplina e por me manter em relação com a música; a dança foi importante em meu processo criativo e a Psicologia ensinou-me a lidar com as pessoas. Posso dizer que todas as formas de conhecimento enriquecem.

Sempre falo para meus filhos — tenho uma filha de dezoito anos e um filho de dezesseis — sobre a importância do conhecimento. Minha filha está prestando vestibular e encontra-se naquele momento em que não sabe o que fazer, com medo de perder o seu tempo. Eu digo que jamais ela perderá tempo adquirindo conhecimento e formas de saber.

Mas, como não se perder dentro disso? Ao adquirir formas de saber, de conhecimento, é preciso ter um foco, um caminho, uma direção. Caso contrário, existe a possibilidade de se perder, até mesmo alimentando o prazer. Nessa hora, creio que método e disciplina são essenciais.

Sou conhecida por todos como uma pessoa muito exigente. Ao mesmo tempo, sou conhecida por ter uma Companhia em que os bailarinos, em palco, dançam com enorme prazer. Eles gostam do que estão fazendo, ensaiam oito horas por dia. É um ensaio exigente, porque acredito na precisão. Busco a perfeição, o detalhe. E, junto com tudo isso, como tenho prazer? É aí que está o ponto essencial, voltando um pouco à educação, à escola.

Vamos falar sobre artes na escola. Helena Herrera estava falando sobre música, por exemplo. Como estimular o contato com a arte em uma criança, um adolescente ou um pré-adolescente, entre oito e dez anos de idade? Pode-se tratar a arte como recreação. Tudo bem. Até dado momento, a arte é importante como processo de estímulo à criatividade, soltando mais uma criança que começa a ler e ter certas exigências. No momento da aula de Artes, a criança sente-se mais livre.

Depois, é importante descobrir, dentro do processo artístico, a disciplina, a possibilidade de conhecimento mais profundo, sem perder o prazer, a liberdade, a diversão. Arte e cultura não são algo sério que está dentro dos museus fechados.

Acabei de fazer um espetáculo com as Artes Plásticas. É algo que poucos podem entender? Só é capaz de se conectar com uma obra que está pendurada na parede alguém que tem todo um conhecimento acerca do assunto? Não. É claro que o conhecimento ajuda a ter uma transparência e uma conexão maior com a obra. A possibilidade de se aproximar do processo artístico se torna cada vez maior quando se adquire conhecimento para isso, mas também quando se adquire possibilidade criativa, liberdade, quando se começa a fazer conexão entre a Matemática e a Dança e entre aquela e a Música. Platão dizia que a coisa mais importante para um ser humano era estudar Matemática, Música e Dança. Então, temos vários exemplos de que essa união, essa conexão é importante e enriquecedora.

Apesar de não ter estudado em uma escola ou em uma universidade específica aprendi, com diferentes pessoas que foram me ensinando, experiências diversas e, ao conseguir juntar tudo isso, desenvolvi um sistema criativo de trabalho. Hoje sou coreógrafa e lido não somente com o processo de aprendizagem, porque também sou professora — dou aula de dança contemporânea na minha companhia — mas também participo de um processo de criação junto a esses bailarinos. O meu 1º grau foi muito importante para mim, apesar de eu considerar que, hoje em dia, as escolas poderiam ser bem mais vibrantes e participativas em relação às necessidades da criança. Quanto ao atual ensino médio, mais ainda, falando especificamente de Artes, acredito que já poderia ter havido uma transformação, passando de uma aula somente recreativa para uma que indicasse àquela pessoa que tem um desejo de se aperfeiçoar artisticamente e um talento para tanto, a possibilidade de se desenvolver nesse sentido.

Sinto muita pena quando observo que há escolas em que a única conexão com o corpo ocorre na aula de Educação Física. Um menino de treze anos pode não gostar de jogar futebol, mas pode gostar de dançar, o que não significa, necessariamente, uma opção sexual. Temos este problema também: *"Um menino que gosta de dançar?! Ih! Ele é gay; ele tem uma tendência feminina"*. É um pensamento muito curto de um País que ainda tem resquícios machistas.

A escola poderia dar um exemplo acadêmico, oferecendo a possibilidade de um garoto na faixa etária dos doze aos quinze anos, escolher Dança como uma matéria dentro do currículo da escola: *"Tudo bem, eu posso fazer Educação Física ou eu posso dançar"*. Muitos deles são discriminados porque não têm jeito com a bola, porque não são fortes, assim como também sofre discriminação a menina que gosta de jogar vôlei ou futebol, que gosta de trabalhos tidos pela sociedade como um pouco mais masculinos por exigirem mais musculatura e força.

Foi o meu caso. Eu era uma pessoa que adorava trabalhar com o corpo e adorava esportes, o que foi muito importante dentro do meu trabalho de dança, no sentido até de vencer. A arte não é ligada a nenhuma exigência competitiva e suas regras são completamente diferentes das dos esportes, embora possuam várias conexões.

Mesmo eu tendo essa lacuna acadêmica, devido ao fato de não ter cursado uma faculdade de Dança e de não ter freqüentado uma escola específica, meu 1º grau está em minha memória. Lembro-me de alguns professores importantes, dos quais gostei, assim como me lembro de algo que muito me machucou: desde o 1º ano, só se falava em vestibular e eu ainda não sabia o que queria fazer. Por que aquele massacre em minha cabeça? Eu já era uma pessoa que gostava de dança, mas não havia ninguém dentro da escola que me estimulasse nesse sentido, dizendo-me: dança pode ser bom, além de ser uma possibilidade profissional. Ainda que eu escolhesse Psicologia, acredito que a mistura e a diversificação desses conhecimentos aumentaria a inteligência, a criatividade e a possibilidade de se conectar com um número cada vez maior de pessoas.

Deputada Esther Grossi – Débora, a sua família achava que era melhor Dança ou Psicologia?

Débora Colker – Ótima pergunta! A minha família, na verdade, impulsionou-me a cursar a faculdade de Psicologia, e eu lembro exatamente que, quando já não tinha mais jeito, minha mãe falou a seguinte frase para mim: *"Você tem que ter uma profissão. Você pode fazer dança, já que você quer, mas uma profissão você tem que ter."* Eu ouvi aquilo e falei: *"Meu Deus, mas dança pode ser uma profissão!"*

Existia um preconceito muito grande causado por essa mentalidade, que começa na escola, de que Arte é recreação, é brincadeira. Sem dúvida, ela possui essa importante função até determinada idade do indivíduo. Porém, depois, temos de aprender a gostar de solfejo, da mesma maneira que aprendemos a gostar de ler: lendo coisas que nos interessam, que estão ligadas à nossa realidade, e, junto com isso, coisas que são importantes ou emblemáticas dentro da cultura e da educação nacional. Mas é preciso encontrar o prazer, pois sua necessidade, segundo o que acredito, está muito vinculada àquilo. Daí o prazer ser atrelado ao conhecimento.

A minha mãe não só achava que eu deveria fazer uma faculdade de Psicologia, como, quando eu decidi que iria fazer dança, falava para mim: *"Eu acho que você devia abrir uma academia. Por que você não vai fazer gafieira ou dança de salão? É isso que vai atingir as pessoas. Por que você não faz balé clássico, que é algo já culturalmente estabelecido?"*. E eu falava: *"Eu não quero, eu não sei, eu não vou saber fazer isso"*.

Algo estava me direcionando para a dança contemporânea, para juntar as minhas possibilidades criativas às minhas necessidades de me comunicar, porque, para mim, a arte é uma possibilidade de comunicação.

Como artista, em quem mais eu penso é no público, o mais importante para mim é a comunicação que estabeleço com ele. Um espetáculo começa quando ele se relaciona com as pessoas, quando elas conseguem estabelecer contato umas com as outras.

E já estou entrando em um problema das artes, porque muitas vezes o artista acha que tem que se desenvolver e que, talvez, o contato não interesse, como se ele e a comunicação fossem uma concessão. Não penso assim. Acho que a comunicação é antítese, é discussão, é troca, é enriquecimento.

Lembro que a minha mãe dizia que eu tinha de fazer dança de salão ou algo que já estivesse recebendo uma resposta por parte da sociedade. Os meus amigos, a minha família e as pessoas que me conhecem desde pequena, até hoje olham para mim e falam que é inacreditável que uma companhia de dança contemporânea, pela qual ninguém dava nada, tenha conseguido sucesso. Desculpem-me falar isso, mas *"Vulcão"* foi o meu primeiro espetáculo e o segundo foi o *"Velox"*. Ambos constituíram, realmente, acontecimentos importantes mudaram essa história de que dança não tem público. Quando comecei a fazer dança contemporânea, os diretores de teatro e as pessoas que financiam as artes diziam para mim: *"Dança contemporânea não tem público. Você só pode ficar nesse teatro por uma semana, porque depois vai ficar vazio"*. Ao que eu respondia: *"Ensaiei esse espetáculo durante um ano. Quero ficar duas semanas em cartaz"*. E aí vamos mudando as histórias e mostrando que as coisas não são preestabelecidas. Não existe isso de não ter público. Tem público, sim. A platéia busca aquilo com o qual se identifica, de que gosta e por meio do qual terá possibilidade de se desenvolver e crescer. Eu acreditei nisso e continuei buscando todas essas informações. Na verdade, chego à conclusão de que todas as minhas possibilidades de aprendizado foram importantes: a própria escola, com todos aqueles problemas, a faculdade de Psicologia e os professores todos que tive.

Acredito que, principalmente para os artistas, o processo de educação, desde o 1° e o 2° graus, é muito importante para proporcionar um processo de profissionalização um pouco mais sério e, ao mesmo tempo, mais prazeroso. Por outro lado, a boa formação também é importante para que a pessoa que não está diretamente conectada à arte possa ter a oportunidade de escolher desenvolver-se como artista, ou mesmo introduzir dentro de seu processo de aprendizado as artes como parte da educação.

Considero a educação um dos maiores problemas que temos no Brasil atualmente, não só no sentido quantitativo mas, principalmente, no qualitativo, de acordo com a maneira que vamos escolher para ensinar no ensino fundamental e médio; de como vamos formar os nossos profissionais em todas as áreas; como vamos fazer com que o processo de educação seja assumido como um direito que temos, uma oportunidade de transformação e de participação, de ter o trabalho como exemplo para modificar uma pessoa, um país, de ter o trabalho como método e prazer correlacionados, sem pensar que o artista não precisa de nada disso por ser diferente, mais solto. Nada disso. O artista é totalmente ligado à disciplina, ao trabalho, ao método, à educação.

Os artistas serão melhores, mais profissionais, se tiverem um processo de educação mais sério e direcionado para isso; assim como os profissionais de Matemática, de Física, de Química, seja de que área for, terão a possibilidade de um raciocínio mais aberto, mais inteligente e de conexões maiores, se tiverem contato com as Artes. Talvez até, como já disse, modificarem seus pensamentos como cidadãos, ampliarem a consciência do que nós, seres humanos, escolhemos o que queremos ser, o que podemos ser e como podemos participar de um país. Acredito e participo. Mesmo a minha Companhia não sendo uma escola, lido com ela como tal, considerando que ali cada bailarino, cada pessoa que está trabalhando — hoje são quarenta pessoas — está num processo de aprendizado, de formação, de possibilidade profissional, apesar de não ter o rigor de uma instituição educacional.

O funk aglutina 1,5 milhão de jovens

JOSÉ PEREIRA DE OLIVEIRA JÚNIOR

Antes de mais nada, gostaria de agradecer à Deputada Esther Grossi por estar aqui. É fundamental poder estreitar cada vez mais as relações do Grupo Cultural Afro-Reggae com outras cidades. Estamos em uma campanha para mostrar um pouco de nossa experiência, principalmente naquilo que vem assolando as grandes cidades, que é o problema de jovens envolvidos com o narcotráfico. Fazemos isso nas favelas mais violentas do Rio de Janeiro. É um projeto de ação social em que conseguimos tirar milhares de jovens do envolvimento com o narcotráfico.

Falar sobre mim é um pouco difícil, porque geralmente falo muito na primeira pessoa do plural, referindo-me ao Afro-Reggae. Geralmente nós, que somos de vários grupos sociais, falamos muito sobre a instituição à qual pertencemos.

Fui criado em um lugar extremamente violento, onde havia muito tráfico e muita prostituição. A primeira geração de seqüestradores do Rio de Janeiro saiu do local onde eu morava. E eu convivi bastante com isso. Morava em um lugar onde as mães de meus amigos eram prostitutas. Havia um código, uma lei, que era a seguinte: ninguém podia chamar um filho de prostituta de "filho da puta" ou mandá-lo à "puta que o pariu". Mas para mim, que não era filho de prostituta, eles podiam dizer isso. Era um lugar com muitas regras. Vivíamos em um ambiente culturalmente muito rico, mas igualmente violento.

Para vocês terem uma idéia, a Taça Jules Rimet foi derretida a cem metros da minha casa. Sabíamos que a taça tinha sido roubada, que estava sendo derretida, mas não podíamos fazer nada.

Era um local com vários cassinos clandestinos. Parte da economia local sobrevivia desses jogos e da prostituição. Era um lugar complicado, complexo, mas que serviu como minha escola.

Até hoje eu tenho um problema enorme com escola. Mesmo trabalhando em locais onde a violência é assustadora, meus principais pesadelos são quando sonho que estou dentro de uma sala de aula como aluno. O meu dia fica horrível. As experiências que tive nas escolas pelas quais passei foram as piores possíveis. E não por causa da violência.

Meu pai e minha mãe, como não queriam que eu me envolvesse com a criminalidade, colocaram-me numa boa escola, o Liceu de Artes e Ofícios, que fica no centro da cidade. Mas eu não estava preparado para ela. Era um problema, porque todos os meus amigos estudavam em escolas públicas, às quais estávamos ambientados. Hoje, porém, agradeço a meus pais por me terem colocado em uma particular, embora eu ache que, se eu tivesse estudado em escola pública, como meus amigos, teria sido melhor naquele momento, porque eu tinha muitos traumas e achava que as pessoas tinham preconceito contra mim. Nem sei se tinham realmente, na época, mas era como eu sentia: achava que as pessoas me olhavam de modo estranho. Também tem essa coisa da paranóia, porque você está com um tênis diferente de todo o mundo. Eu achava que todos estavam me observando, mesmo quando não estavam.

Fui criado nesse ambiente, até que chegou um momento, durante minha adolescência, em que os meus amigos começaram a morrer porque estavam envolvidos com a criminalidade. Eu ouvi de um dos poucos que sobreviveram a seguinte frase: *"Pô, a gente se matou muito, né, cara?"* Eu falei: *"Pois é."* Brigávamos muito entre nós. E eu sou da última geração que ainda brigava na mão, brigava sem utilizar arma.

Chegou um ponto em que, aos dezesseis anos, eu não queria ser bandido. Não que eu fosse consciente, politizado. Eu não queria porque não queria. Eu não era especial, não tinha ideologia de nada. Era um *funkeiro* que brigava em baile por puro prazer, mas que não queria virar bandido. Acabei entrando para o boxe, quando passei a brigar mais ainda, durante um período. Depois, foi ele que me ajudou a mudar profundamente parte de meus conceitos. Meu professor, já falecido, o Santa Rosa — que foi tricampeão brasileiro e campeão sul-americano — ao perceber que meu interesse pelo boxe era para bater nos outros na rua e brigar nos bailes foi, aos poucos, doutrinando-me e me conscientizando. Ele não era uma pessoa tão politizada, mas tinha boa índole, bom coração.

Como os caras iam morrendo com o decorrer dos anos, eu, com vinte e um anos, era o mais velho da minha geração que tinha ficado na rua com a galera. A outra geração tinha quinze anos. Aí passei a fazer teatro, o que me ajudou bastante também. Houve um cara que foi muito legal, que me disse que eu tinha o maior talento para ator. Ele mentiu para mim, porque queria o meu bem. A verdade era a de que eu não tinha o menor talento. E aí ele falou: *"Você seria um ótimo ator."* E o bobo aqui foi para a Escola de Teatro Martins Penna. Fiquei lá um tempo, e acabou que eu fiquei um ator legal, só que não era o que eu queria. E hoje eu faço isso com as pessoas também. Mesmo para aquelas que não têm tanto talento, eu digo: *"Pô! Você é muito bom, cara, você tem que fazer capoeira, fazer dança, entrar para a universidade"*.

Débora Colker – As escolas de artes também têm de melhorar muito.

José Pereira de Oliveira Júnior – Pois é. Mas aí eu fiquei um tempo na Martins Penna. Na época, eu entregava jornal, entregava a *Folha de S.Paulo* de madrugada. Fiquei desempregado. Como eu lutei boxe, tinha um corpo legal. E onde eu morava tinha muito homossexual. Certo dia, eu estava andando na rua e um cara vinha me seguindo. Pensei: *"Qual é a dele?"* Ele me disse: *"Vem cá, você não quer trabalhar para mim, não?"* Eu quase bati nele: *"Você está me confundindo, acha que eu faço programa?"* Ele respondeu: *"Que é isso, garotão? Calma, não é nada disso. É porque eu faço show"*. Na época, surgiu um grupo chamado *Os Leopardos*, que se apresentava na Galeria Alaska. Eu falei: *"Brincadeira ter que ouvir isso!"* Mas não era, não. Ele me convidou para fazer animação infantil.

Durante dois anos e meio, de 1989 a 1992, onde vocês viam o Batman na rua, no Rio de Janeiro, era eu. Já era fã do Batman, e fiquei mais ainda. Comecei a fazer animação infantil, tanto em festas de elite como em locais pobres, que tinham subvenção. Eu era agenciado por um empresário, o homem que organizava a descida do Papai Noel no Maracanã. Fiz vários eventos com ele, até que, depois de dois anos e meio, fiquei cansado.

Parei de fazer o Batman e passei a trabalhar como taxista e a fazer festa *funk*. O baile *funk*, na época, já era meio industrializado. Com as festas, passei a ganhar uma merrequinha, um dinheirinho. Estava superfeliz mas, em 1992, teve o arrastão na Praia do Arpoador, no Rio de Janeiro, e aquele estilo de música foi proibido. Quem fizesse baile ou festa *funk* teria o equipamento apreendido, e não era nem pela Polícia Militar, mas pela Polícia Federal. Minhas festas eram assim: eu vendia os ingressos antecipadamente, com direito a comida, bebida etc. E, justamente uma semana antes de uma festa que eu já tinha jogado na rua, aconteceu o arrastão, e o *funk* foi proibido. Eu pensei: *"E agora, o que eu vou fazer?"*

Eu conhecia um cara que trabalhava com reggae e que me convidou para tocar com ele. Eu nem curtia aquele estilo musical, tinha preconceito. Falei que achava que *reggae* era coisa de maconheiro e que eu não fumava maconha, ao que ele respondeu que não tinha nada a ver. Eu acho que esse homem, Plácido Pascoal, foi meu primeiro professor de fato. Ele é diretor do Afro-Reggae também e começou a me apresentar um outro mundo, o Movimento Negro, a cultura afro-brasileira, os próprios ritmos do Olodum, Ilê Ayê, Bob Marley, Peter Tosh. Foi bem legal. Fiz a festa e, depois dela, percebemos — ele se associou a mim — que poderíamos fazer um outro evento de reggae oficialmente. Esse outro evento aglutinou pessoas da Baixada Fluminense, da Zona Sul e de vários pontos da cidade.

Depois disso, percebemos que faltava um veículo de comunicação que divulgasse a cultura afro-brasileira. Criamos um jornal e começamos a "subir a escadinha", só que as pessoas que criaram esse jornal eram fracassadas em suas vidas pessoais. Mas quando nos juntamos, criou-se um campo magnético em torno desse grupo e tudo passou a dar certo. Como eu tinha experiência com realização de eventos, tinha envolvimento com favelas e comunidades, continuamos fazendo eventos para gerar recursos para o jornal, mas iniciamos uma ação dentro de uma favela, na época a mais temida do Brasil, a de Vigário Geral. Iniciamos essa ação um mês após a chacina que ocorreu em 29 de agosto de 1993, só que sem saber o que fazer. Fui apresentado como músico, embora não fosse. Não sei fazer nada no campo cultural. Não sei jogar capoeira, não sei dançar, não sei fazer teatro — fiz curso de teatro lúdico. Então, não sei fazer absolutamente nada. Mas, por incrível que pareça, sou o Coordenador-Geral do Afro-Reggae, que é uma ONG de cultura.

Acho que sou um facilitador, tenho boas idéias. Talvez seja parecido com o João, que me parece ser um cara com boas idéias também.

Débora Colker – É engraçado, porque o *funk*, desde os anos 1990, entrou muito forte como ritmo, musicalmente falando e em termos de dança também. As escolas não precisam incluir aula de dança ou de música em que a professora tenha que ensinar *funk*, mas não adianta ficar contra ele, pois trata-se de algo que está vibrando nos adolescentes, nas pessoas, a ponto de misturar — é uma história do Rio de Janeiro — o morro com o asfalto. Essa mistura é complicadíssima. É algo que eu sinto em casa com os meus filhos. Ninguém está dizendo que é fácil, mas não adianta a escola ficar contra — voltando um pouco à escola, que ele odeia, e deve ter todos os motivos para isso.

José Pereira de Oliveira Júnior – Não, eu disse que tenho pesadelo.

Débora Colker – Dizem que balé é coisa de veado, que *funk* é coisa do demônio e que reggae é coisa de maconheiro. Todas essas classificações, esses clichês, fazem parte de um pensamento medíocre, que não é de pessoas que estão se desenvolvendo em educação. Como é que uma pessoa quer ser professora de primário ou do 2° grau se não sabe nada?! Só sabe quem foi Machado de Assis porque foi obrigada a lê-lo. Não leu o livro *Cidade de Deus*? Pois deveria. Tem que saber certas coisas como, por exemplo, um pouco da história do *funk*. Não pode querer excluir outras possibilidades de conhecimento. Na verdade, essa questão é fundamental.

José Pereira de Oliveira Júnior – O que ocorre é que tudo o que vem do negro e do nordestino sofre preconceito. Foi assim com o samba, com o pagode de raiz — não o pagode eletrônico — e com o próprio *funk* que, hoje, consegue aglutinar 1,5 milhão de jovens por final de semana. Na grande maioria, esses jovens são negros, favelados e descendentes de nordestinos. Isso incomoda profundamente. Ao mesmo tempo, o programa mais ouvido no Rio de Janeiro, com trezentos e doze mil ouvintes por minuto, é um programa de funk chamado *Big Mix*, da FM *"O Dia"*. Então, na verdade, é puro preconceito. Infelizmente, o que vem do negro, do nordestino, do favelado, do pobre, sofre esse preconceito, assim como tudo o que não é do Rio de Janeiro. Oitenta por cento dos recursos captados por força da Lei Rouanet ficam no Rio de Janeiro e em São Paulo. O Nordeste e o Centro-Oeste do País são esquecidos.

Helena Herrera – Você não acha que o preconceito é a maior falta de educação?

José de Oliveira Junior – Acho que é uma delas. Concordo.

Helena Herrera – Por exemplo, o preconceito de cor. Todos temos cor. Lembro que costumavam se referir ao negro como pessoa de cor. Qual é a minha cor, então? Temos que parar com isso. Eu sou branca? Não sei qual é a minha cor. Sou meio mulatinha. O amarelo, o negro, isso acabou. E não pode haver preconceito contra qualquer tipo de dança ou de música. Isso é uma total falta de educação.

José de Oliveira Júnior – O Afro-Reggae está, no momento, discutindo uma coisa chamada "narcocultura". O que seria isso? É a cultura que vem do tráfico de drogas, mas que está nas periferias do tráfico. Vou dar um exemplo: hoje existem vários comerciantes implementando suas lojas, seus comércios, seus apartamentos dentro das favelas. Há dez anos, ninguém queria montar o seu comércio próximo à boca de fumo. Hoje todos querem. Por quê? Porque isso gera recursos. Vou falar uma coisa absurda: se hoje o tráfico de drogas do Rio de Janeiro acabar, o comércio local da favela termina, infelizmente. Hoje, naquela cidade, existem desde grifes de roupas a melodias que foram criadas dentro deste movimento de "narcocultura". Vou dar um exemplo para vocês: aquela música *"Tá dominado, tá tudo dominado!"* é o hino do Terceiro Comando, a segunda maior facção do narcotráfico do Rio de Janeiro. Todos os programas de televisão tocaram essa música, mas não sabem disso.

O trabalho do Afro-Reggae é entender essas manifestações que vêm do tráfico de drogas e tirar os jovens desse contexto por intermédio da cultura e da arte. Geralmente, quando fazemos abordagens com os jovens que estão trabalhando na boca de fumo, usamos uma técnica muito simples e, por incrível que pareça, muito eficaz: ou falamos de garota ou de futebol, sempre. Hoje, 78% do tráfico de drogas em Vigário Geral é importado de outras favelas, porque os meninos dessa favela não querem mais trabalhar na boca de fumo. Eles querem ser do Afro-Reggae, até porque esse grupo também gera recursos.

O projeto social hoje não pode ser idealizado sem geração de recursos. Os garotos precisam sobreviver. Aqui não é a Europa, em que as leis que proíbem crianças de trabalhar se fazem cumprir. Realmente, não se pode trabalhar até uma certa idade, mas dentro de um País consumista, onde você vale o que tem, onde infelizmente nossos ídolos — não os meus, mas os da grande maioria, sem querer falar mal do Ronaldinho ou do Roberto Carlos — ostentam Ferraris ou tênis Nike, nesse País é gerada nas cabeças dos garotos uma utopia, um desejo de consumo muito grande. A maioria que entra para o tráfico e que está roubando, faz isso porque quer ter um tênis da moda, um produto de consumo. Não estou dizendo que isso é culpa dos fabricantes de tais produtos. Indiretamente, a Nike, por exemplo, é uma das grandes responsáveis pelo fato de os jovens entrarem no tráfico, mas apenas indiretamente.

Esse tipo de campanha publicitária é muito nociva à sociedade, pois é feita com base no consumismo. Havia a seguinte lenda no Rio de Janeiro: ninguém quer trabalhar para ganhar um salário mínimo, por isso a pessoa entra para a criminalidade. Mas hoje em dia não há mais esse "salário mínimo" — entre aspas.

Hoje buscamos trabalhar numa perspectiva, primeiramente de formação, qualificação e transformação social. Vou falar de Vigário Geral de novo. Se vocês pegarem os recortes de jornais de 1993 a 1995, vão perceber que essa favela só é notícia dos cadernos policiais; de 1995 a 2002, apenas dos cadernos de cultura. Então, acho que a cultura, a educação, o desenvolvimento humano e social são fundamentais para a construção da nossa sociedade.

Como grupo cultural, não trabalhamos pensando apenas na favela. Já que se falou muito em clichê, aqui, vou citar um livro clichê, chamado *Cidade Partida*, de Zuenir Ventura. Procuramos ser um dos elos dessa cidade dividida. Vamos conseguir? Acho que sim. Não somos os únicos: existem muitas pessoas fazendo isso. Minha amiga aqui, a Débora Colker, quando faz a coreografia da comissão de frente da Mangueira, está fazendo a parte dela, de alguma maneira está construindo alguma coisa.

Débora Colker – Mais ainda acho que mesmo quando estou com minha companhia fazendo um espetáculo de dança contemporânea, mostro que esta é mais uma possibilidade profissional que temos. É uma área a qual se pensava não existir como profissão.

José Pereira de Oliveira Junior – Você foi pioneira, isso é verdade.

Débora Colker – Temos mais uma profissão: professores de dança contemporânea, coreógrafos, iluminadores, figurinistas, cenógrafos. Isso é profissão, é mercado de trabalho.

José Pereira de Oliveira Junior – Gera emprego, renda.

Débora Colker – Mercado de trabalho no Brasil tem que aumentar, porque este é um País enorme, onde tudo deve ser encarado como trabalho.

José Pereira de Oliveira Junior – Para encerrar, quero dizer o seguinte: hoje temos oito bandas, três clubes de circo, um coral de idosos e um grupo de dança. Vou até convidar a Débora para dar um *workshop* na favela. Já estou aqui intimando, falando na frente de todo o mundo, para todos serem testemunhas.

Também quero dizer o seguinte: conseguimos alguns feitos históricos e inéditos. Pela primeira vez na história do Brasil, uma banda vinda de uma favela e criada por uma ONG, consegue no seu primeiro disco o apoio de uma multinacional da área fonográfica. Também estamos construindo agora um centro cultural que vai funcionar vinte e quatro horas por dia dentro da favela. A idéia é concorrer diretamente com a boca de fumo. Ao invés de os garotos ficarem à noite plantados na boca, vão ficar dentro do Afro-Reggae. Não é a primeira vez que vejo gente que tem um trabalho intelectual intenso sentindo necessidade de dançar, de se movimentar. Enfim, isso não deixa de ser uma comunhão, uma celebração. Acho que todos os educadores — e acredito que todos aqui sejam educadores — têm de conseguir introduzir isso dentro de cada trabalho. A dança não é só uma festa, uma celebração, é um prazer que pode e deve ser introduzido nos trabalhos de educação. As pessoas da área de educação devem ter consciência do seu corpo, do movimento. Isso é bom. E vejo que há uma carência disso porque, todas as vezes que dou uma palestra, todos querem dançar. Temos que dançar em nossas vidas.

Maria José Rocha Lima – Vamos encerrar esta riquíssima audiência pública, na qual tivemos a participação de Helena Herrera, que tratou da questão do direito à educação, como acontece em Cuba, e da nossa querida coreógrafa Débora Colker, que falou com toda eloqüência sobre como o conhecimento aumenta o prazer e sobre a importância da arte na educação. Complementando essa questão, tivemos o excelente depoimento de Júnior, que nos mostrou como o boxe foi importante para a construção de sua vida e da vida de outras pessoas e como todo esse processo de construção do conhecimento resultou na riqueza que é o Afro-Reggae no Brasil. Portanto, tivemos uma Mesa bastante farta, que certamente possibilitou o aumento do nosso conhecimento e, conseqüentemente, o nosso prazer de saber cada vez mais.

Aprendi Cinema
na barriga da minha mãe
NELSON PEREIRA DOS SANTOS

Onde comecei? Onde aprendi a fazer cinema? Minha mãe disse-me que foi em sua barriga. Eu era o quarto filho, o último de uma família de classe média bem pobre, e meus pais tinham o hábito de ir ao cinema. Isso era no bairro do Brás, em São Paulo. Meu pai tinha uma alfaiataria na frente de um cinema famoso, que depois virou teatro: o Cine Teatro Colombo. Hoje, eu acho que ele não existe mais. Ele e minha mãe iam lá ver as últimas produções de cinema, pois eram apaixonados por essa arte. Naquela época, ainda não existia o termo "cinéfilo", mas eles não perdiam um filme sequer.

Ganhei meu nome por causa disso, por causa da paixão que eles tinham pela sétima arte. Meu irmão mais velho se chama Saturnino, minha irmã chama-se Maria e meu outro irmão se chama José. Eu, o último, tenho o nome de Nelson. Por que? Porque, no ano precedente, no começo do ano em que eu nasci, em 1928, houve um grande sucesso cinematográfico — ainda era cinema mudo — que contava a história do amor de *Lord* Nelson por *Lady* Hamilton. Minha mãe era filha de italianos e queria, finalmente, dar um nome italiano ao seu filho caçula. Acho que ela queria que eu me chamasse Marco ou alguma coisa parecida. Mas meu pai queria continuar com aqueles nomes que a família dele tinha usado. Nessa briga entre os dois, veio o filme, e eu fiquei sendo Nelson. Essa é a história que minha mãe contava.

Eu me lembro de freqüentar o cinema desde muito cedo, ainda no colo. Naquela época, no Cine Teatro Colombo, aos domingos, a sessão começava à uma hora da tarde e terminava lá pelas seis horas, seis horas e meia. As famílias tinham crianças e levavam um lanche para "segurar a barra". Havia muitos filmes, seriado, comédia e dois filmes de longa-metragem.

E aí vem a minha vida de aprendizado normal de criança no bairro. Nós saímos do Brás e fomos morar no Bexiga, onde fui parar na primeira escola mista da Bela Vista. O prédio da escolinha existe até hoje. Bonito e bem-feito, está lá preservado.

Agora, vou contar uma vantagem. Eu aprendi a ler e a escrever aos quatro anos de idade. Quem me ensinou foi minha irmã, que gostava de brincar de professora. Ela fazia tudo o que achava que uma professora devia fazer, inclusive dar umas pancadas na minha cabeça. Eu tive essa sorte. E como, naturalmente, eu ia muito ao cinema com meus pais, queria brincar de mocinho e bandido o tempo todo e perturbava a paz familiar com muita freqüência. Daí, a minha mãe inventou de me colocar na escola, onde só podiam entrar os que tivessem, no mínimo, sete anos de idade.

Ela me levou a uma escola e conversou com a professora, que disse: "Mas ele não vai acompanhar a turma". Minha mãe afirmou: "Mas ele já sabe ler e escrever". "Mentira. A senhora quer é se livrar dele". Naquele tempo, não existia um babado assim com tanta facilidade. Então, ela me admitiu. Eu acompanhei a turma e a mestra ficou me adorando, era como uma segunda mãe. Depois, eu passei por outra escola, com outra professora, que não queria ser minha mãe, queria apenas lecionar.

Evidentemente, eu estava habituado a aprender com alguém que me dava toda a tolerância do amor, com quem eu podia fazer o que quisesse. Mas a outra professora realmente não era desse naipe. Era de outro tipo e impunha disciplina. Minha educação, assim, foi "pingando" para lá e para cá.

Eu nunca deixava de ir ao cinema e ia muitas vezes também graças à minha irmã. Quer dizer, assistia a todos os filmes em cartaz. Evidentemente, minha patota queria ver filmes de caubói, filmes policiais e de aventura. Minha irmã, por outro lado, queria ver filmes de amor, em outro tipo de sala. Mas eu a acompanhava, porque eu ia ser o *Chaperon*, o segura-vela.

Meu pai obrigava, porque ela ia encontrar o namorado. Eu também via os filmes que as mulheres preferiam. Aprendi, por isso, muita coisa do papel profundo que o cinema exerce, especialmente para as mulheres. Hoje, há a televisão, com as novelas, que atua ativamente nas relações amorosas, particularmente no tocante às mulheres. Passei também pela fase do cinema mexicano, que era o cinema do melodrama. Cheguei até a fazer, recentemente, um filme sobre isso, sobre o melodrama na América Latina. Era também um programa exclusivo ao sexo feminino, mas eu tinha que acompanhar minha mãe e minha irmã.

Acho que a minha formação na cultura cinematográfica da época foi bastante abrangente, o que me proporcionou muita riqueza na hora de começar a fazer cinema.

Eu sempre pensei em filmes como uma coisa muito distante, algo que só podia ser feito pelos americanos e europeus. Naquela época, era como ir à lua ou ter foguete: uma atividade vedada a um jovem de um país como o Brasil. A primeira vez que me despertou a idéia de que era possível fazer cinema no País foi quando, conhecendo um pouco mais da história do cinema, eu soube da existência de uma figura chamada Alberto Cavalcante, um pernambucano que foi morar na Europa e virou um grande cineasta internacional, da vanguarda francesa, com filmes clássicos.

Mara Régia Di Perna – Pai do documentário inglês.

Nelson Pereira dos Santos – Exatamente. Ele foi para a Inglaterra, trabalhou lá e foi o principal realizador de documentários daquele país. Participou daquela grande luta de propagandas durante a 2ª Guerra Mundial. Do lado dos aliados, o cinema-documentário inglês de John Grierson e Cavalcante. E, do outro lado, Goebels, com toda a máquina de propaganda do nazismo. Cavalcante tem um filme maravilhoso, em que ele desmascara Mussolini, chamado *O Pequeno César*. Aí eu pensei: "Poxa, o brasileiro também pode fazer cinema". E comecei a trabalhar com essa possibilidade.

Minha formação foi em colégio do Estado, com bons professores de literatura. Houve um professor que viciou os alunos na leitura de romances brasileiros, de romances em língua portuguesa e, depois, por extensão, de qualquer tipo de romance. Ele fazia com que procurássemos na literatura uma atividade intelectual, conseguida não unicamente através do cinema, que era a única coisa que nos preocupava, e que ia além do futebol, que tanto nos interessava. E ele nos jogou nesse caminho com muita habilidade e com muito carinho. Foi um professor de quem eu me lembro por ter induzido o jovem a ter uma boa leitura.

Eu tive a sorte de viver um momento histórico que eu comparo com o atual. Refiro-me, por exemplo, ao término da 2ª Guerra Mundial. O Brasil vivia um estado de euforia. Acabava aquela desgraça do nazi-fascismo, bem como toda uma temporada ditatorial. Espero que nunca mais venha outra. Havia um movimento popular muito grande, a sensação de uma nova etapa estar começando e de que o Brasil ia ser um grande país industrializado, capaz de enfrentar os grandes problemas sociais etc.

Penso que o momento que estamos vivendo é parecido com aquele. Pelo menos, tenho essa sensação. Sou capaz de viver aqueles tempos de 1945, com a minha jovem namorada, que já está no céu. Todos vivenciamos comícios, participando de todas as atividades políticas: *"Vamos mudar o Brasil, acabar com o atraso, com as lembranças que permaneciam de um país escravocrata"*. Enfim, havia uma abertura para a liberdade, para uma nova vida.

E esse momento coincidiu com o surgimento de uma linguagem que mudava o cinema do mundo, que rompia a hegemonia do cinema americano. Era o cinema italiano, que apresentava filmes muito ligados à própria realidade, à realidade do pós-guerra na Itália e era descaradamente a favor do povo. *"Ah, o cinema pode ser isso! Não precisa ser aquele que mitifica a sociedade, que conta para o próprio povo que não era bem isso, não, que era um pouco diferente."* O produzido pelos americanos, fazia uma remontagem da realidade, para esconder todas as grandes questões que perturbavam o povo, a sociedade, principalmente os oprimidos.

Esse surgimento foi, realmente, um choque positivo que influenciou tanto os jovens que queriam fazer cinema no Brasil quanto na Índia. Por exemplo, há grandes cineastas indianos, como Satyajit Ray, que fez também um cinema maravilhoso, com influência do neo-realismo, chegando à essência profunda da sociedade indiana. O neo-realismo italiano influenciou um cineasta na Grécia, que fez *Zorba, o Grego* mais tarde. Mas os primeiros filmes dele são bem ligados à sua realidade. Influenciou o cinema canadense e o da América Latina toda. Na Argentina, há um grande cineasta que nasceu no neo-realismo, chamado Fernando Birri. Influenciou o cinema cubano também. Todos os primeiros diretores do novo cinema cubano, como Julio Espinosa, Titon e outros, foram alunos do Centro Experimental de Cinematografia de Roma, onde predominava o pensamento neo-realista. Enfim, foi um momento importante para todos nós.

Eu já estava metido em cineclubes, onde nós víamos os grandes filmes da história da humanidade, os grandes filmes da epopéia soviética, os grandes filmes dos Estados Unidos, os clássicos etc. E isso, de certa forma, inibia-nos, porque era impossível fazer filmes assim, visto que confundíamos a produção da história daquele país com a produção do filme. Realmente, eu não posso fazer uma Guerra Civil Americana, para fazer um filme igual ao do Griffith, *Nascimento de uma Nação*. Eu não posso fazer um filme sobre a revolta que deu naquela obra-prima, *O Encouraçado Potemkim*. Enfim, havia uma grande confusão entre as duas coisas, a linguagem do cinema, a feitura de um filme e o que a história do respectivo país produziu. Evidentemente, nós não tínhamos nem um olhar para a nossa própria história.

A partir dessa descoberta, proporcionada pela visão do novo cinema italiano, que revolucionou a arte cinematográfica do mundo inteiro, começou-se, não só no Brasil mas também no mundo periférico, a compreender a importância do cinema ligado à história do próprio país que o produz, às suas questões sociais e ao seu próprio povo. Essa foi a base, o primeiro passo para fazer filmes. Depois, naturalmente, tive experiências amadoras, com filmes de dezesseis milímetros, como assistente de direção de um amigo e em várias outras atividades, até descobrir o Rio de Janeiro.

Mara Régia Di Perna – E, na perspectiva desse novo momento que vive o Brasil, de forma tão especial e tão esperada, até que ponto os educadores e os professores podem apropriar-se do cinema para fazer um resgate histórico ou mesmo incluir a história mais recente do País através do cinema?

Nelson Pereira dos Santos – Tenho alguma experiência nesse sentido. Fui convidado a participar de certos projetos nesse âmbito por alguns professores que, por iniciativa própria, utilizam material do cinema brasileiro no ensino de muitas cadeiras, especialmente nas de História e de Letras. E já existia — não sei se ainda existe — um projeto na Câmara que institui o ensino do cinema na escola de 2° grau. Não se trata de ensinar a fazer filmes. Da mesma forma que é possível haver um curso de arte, é possível haver um curso para explicar o que é um filme, como é produzido e qual é a relação dele com a história, com a política, com a cultura em geral. Isso é feito com grande proveito em muitas escolas americanas e européias, especialmente na França. Trata-se também de grande reivindicação de todos os professores de Comunicação Social que trabalham com material cinematográfico. Eu acho que é mais do que importante ter a facilidade de utilizar o cinema, principalmente aquele que se relaciona conosco, para avançar no aprendizado e também para despertar a curiosidade por parte dos alunos.

Vou contar uma experiência, para terminar. Eu recebi um convite há um ou dois anos. Tenho uma sobrinha-neta que mora em Boituva, no interior de São Paulo. Ela estuda num colégio privado de alto nível, financiado em parte pelo Governo suíço. Os alunos são filhos de pessoas de classe média alta, que têm poder aquisitivo, e os professores da escola, que gostam de cinema, resolveram fazer o ano letivo inteiro através da sétima arte. De que forma? Por exemplo, o professor de Geografia pegou alguns filmes brasileiros e outros. O filme brasileiro que ele escolheu se chama *Vidas Secas*. Por isso, eu fui lá. E, através de *Vidas Secas*, ele pôde desenvolver toda a matéria de Geografia daquele ano, por meio da comparação do filme com o meio ambiente, com as pessoas e com os costumes. O professor de Português trabalhou o texto de Graciliano Ramos, dando explicações para os alunos.

Isso ocorreu nas diversas turmas, do curso fundamental até o final do ensino médio. Todos utilizaram o cinema. No final, resolveram que cada turma faria um filme. Até a turma do primeiro ano do curso fundamental já tinha uma equipe de cinema e um diretor, com a respectiva pose. Havia também os atores. Foi um momento muito agradável que passei lá. Fui duas vezes para orientar um pouco a parte de realização dos filmes e, depois, para ver o resultado e fazer, junto com eles, uma avaliação do resultado do ano letivo inteiro. A participação dos alunos foi 100% em todas as matérias e disciplinas. E havia estudante que brigava com a mãe porque queria ir para a escola, mesmo gripado. A mãe dizia: *"Não vai para a escola hoje, não"*. Ao que o aluno respondia: *"Vou, porque tenho meu filme, tenho que estudar"*. Foi, realmente, uma grande experiência, e a escola tem muitas possibilidades para tanto. Imaginem se fosse colocado em prática o estudo de cinema no currículo dos cursos de ensino médio.

Mara Régia Di Perna – É uma proposta que deverá, acredito, juntar-se a tantas outras que a Conferência está proporcionando. Nossos agradecimentos e um "aplauso-claquete" ao nosso grande Nelson Pereira dos Santos, que muito honra esta Mesa.

Nelson nos disse que começou a carreira de cineasta ainda na barriga da mamãe. Agora, vamos ver de que barriga ou de que página de livro saiu o nosso menino maluquinho Ziraldo.

Uma mãe muito maluquinha

ZIRALDO ALVES PINTO

Acho que começamos na barriga da mãe mesmo. A minha era uma sonhadora, uma mulher completamente fora do seu tempo, do local em que nasceu. Ela tinha muita sensibilidade. Só fez o curso primário, que antigamente existia, bem como também havia terminalidade, quer dizer, a pessoa podia chegar ao quarto ano, terminar o primário e, depois, se pudesse, fazer o ginásio.

Minha mãe era muito nova quando se casou e somente três anos mais tarde eu fui concebido. Sou o mais velho. Quando comecei a me entender por gente e já tinha outro irmão, lembro que minha mãe brincava de pegar luta, de pique, de roda. As pessoas achavam que ela era meio maluca. Depois acabou ficando maluca mesmo. Tinha uma visão filosófica do mundo, uma maneira especial de encarar a vida.

Há duas coisas da cabecinha dela que vou contar. Ela, já com setenta anos de idade, dizia duas frases que dão bem a sua dimensão. Ela desenhava, pintava, cantava o dia inteiro, fazia letras para as suas canções, era muito irônica, gozava muito meu pai, irritava-o, "enchia o saco" dele com ironias, porque ela era muito mais criativa do que ele. Deixou perto de cinqüenta e tantos cadernos escritos. Há trinta anos, estou querendo fazer *As Memórias da Supermãe*, usando as coisas que ela escrevia. Possivelmente, eu ainda farei isso. Ela inventou um alfabeto para conversar com os netos, que está no livro *A Professora Maluquinha*. Aquele alfabeto é invenção dela mesmo.

Quando meu pai fez setenta anos, fizeram um baile para ele na minha terra. Minha mãe estava dançando toda alegre quando passou uma menina e disse: "*Dona Zezinha...*" Na época dela, as moças de sessenta e oito anos ficavam com cara de senhoras, eram gordinhas, vestiam roupa de senhora. Não é como hoje, cheio de moça bonita de sessenta anos, de biquíni na praia, como a *"Vovó Delícia"*. As coisas mudaram muito. Mamãe dançava toda alegre, quando uma menina disse: *"Aí, Dona Zezinha, lembrando do seu tempo, né?"* E ela disse: *"O que é isso, minha filha? Meu tempo é o tempo todo".* Que cabeça a D. Zezinha tinha! Há uma outra história dela. Minha irmã disse-lhe uma vez: *"Mamãe, tem uma moça aí na cidade que quer visitar a senhora, porque disse que é sua amiga de infância".* Ela respondeu: *"Ih, não quero ver não, minha filha. Não quero ver amiga de infância, não".* *"Por quê?"* *"Não. O pior amigo da gente é espelho e amigo de infância. Se não tivesse nem espelho nem amigo de infância, eu ficava com vinte anos a vida inteira. Acho que estou bonitinha. Aí, passo pelo espelho, e olha eu lá. Aí vem minha amiga de infância, e penso: estou este caco? Não quero ver amiga de infância, não."*

Eu me divertia muito com minha mãe. No final da vida, ela ficou psicótica maníaco-depressiva. Foi uma experiência de vida dolorosa, mas fantástica para mim, porque me lembro de que ela ficava muito, muito deprimida e, às vezes, saía de repente da depressão, ficava hipereufórica e sumia, deixando a família desesperada. Íamos procurar minha mãe no bairro. Havia um bar lá em Belo Horizonte, onde foi filmado *O Menino Maluquinho*. Quando cheguei lá, certa vez, encontrei minha mãe em cima da mesa, contando casos para os meninos, fazendo o maior sucesso. Ao tirá-la de lá, eles pediram: *"Não leva sua mãe embora. Ela é uma alegria de ver".* Depois, ela dizia para nós que ficava em cima da mesa contando casos para os meninos, ouvindo as gargalhadas e pensando: sou muito doida mesmo. O que estou fazendo em cima dessa mesa? Pareço uma maluca.

Outra vez — agora, só vou falar da minha mãe — minha irmã me ligou de madrugada: "A mamãe sumiu". Isso há vinte e tantos anos. Às quatro horas da manhã, tocou o telefone. Era um interurbano, minha mãe às gargalhadas. *"Onde você está?"* *"Estou num bar aqui na estrada entre Belo Horizonte e Rio de Janeiro."* *"O que está fazendo aí no bar, mãe?"* *"Ah, meu filho, resolvi te visitar, fui para a rodoviária e entrei no ônibus. Mas o ônibus estava muito desanimado, e comecei a animar: 'Vamos cantar, pessoal'. Mas era o ônibus da meia-noite, e o pessoal gritava: 'Cala boca. Quero* dormir, mulher. Tira essa mulher do ônibus'." E minha mãe: "O que é isso, gente? Alegria, vamos ser felizes". Aí, quando chegaram em Conselheiro Lafaiete, saltaram para tomar café, abandonaram minha mãe lá e foram embora. Ela ficou lá no meio da estrada. E não tinha celular. Tivemos de ir buscá-la.

Quando mamãe ficava deprimida — depois ela contava para nós — e nós dávamos comida para ela na boca o tempo todo, ela ficava observando e pensando: como estou fazendo meus filhos sofrer. Que coisa! Por que estou fazendo isso? Por que não me levanto daqui?

Era um tipo de sofrimento que me deu muita compreensão. Compreensão, não. Quem me dera! Deu-me muito interesse em compreender a alma humana. Ela foi um grande motivo para mim na busca de entendimento, porque era extremamente generosa e não tinha muito a ver com o seu tempo, a sua época. Tinha um senso crítico sobre a hipocrisia, os valores da relação humana. A minha mãe nos deixava desenhar na casa toda e fazia cadernos para nós desenharmos. Ela nunca reprimiu os filhos. Acho que ela me ajudou muito a encontrar meu caminho.

Quanto à educação, tema da Conferência, quero dizer que sou "aspite", assessor de palpite. Sou o maior palpiteiro. Todas as vezes que um amigo meu ganha, toma posse — nessa idade, vocês podem imaginar a quantidade de gente com quem eu convivi que está no poder — recebe um telegrama meu com a seguinte mensagem: "Não faça nada sem falar comigo". Já passei para o Aécio, o Itamar, o Lula, o José Dirceu. Entreguei para todo mundo. Ninguém vem falar comigo, mas eu passo o telegrama.

Os palpites que tenho dado ultimamente se referem à educação porque acho que sou o leigo que mais tem viajado pelo Brasil, quem mais conhece fisicamente a escola brasileira. Desde que fiz O Menino Maluquinho, tenho viajado pelo País de Norte a Sul, de Leste a Oeste.

Ontem, tive a alegria de estar com o Ministro Paulo Renato, durante o balanço da sua administração. Ele foi o Ministro da leitura, o primeiro Ministro a se preocupar vivamente com a ela, a elaborar projetos fantásticos para estimulá-la, querendo fazer o livro de literatura brasileira chegar à mão da criança, não a excrescência que é o livro didático. Um trabalho extraordinário. Colocou sessenta milhões de livros de autores brasileiros escolhidos à disposição. A campanha fui eu que fiz, divulgando a idéia de que com o livro deve-se dormir abraçado, deve-se conviver com ele, deve-se amá-lo.

Fiz um trabalho explicando para a criança que livro didático não tem exatamente o mesmo conceito. Livro didático é um arquivo de informações, que deve ser preservado. No livro de literatura e de poesia é preciso escrever, anotar ao lado. Livro de literatura é para chorar em cima, deixar uma violeta dentro, abrir de vez em quando, levar para o banheiro, é para dormir abraçado a ele. É a mais bela convivência solitária que o homem pode ter. O amigo da solidão é o livro.

O Ministro Paulo Renato, que entende isso, foi o melhor Ministro da era FHC. Sempre disse que gostaria de trabalhar com ele. Sempre lhe digo: *"Gosto de trabalhar com você. Odeio seu chefe, mas você é sensacional"*.

Quero deixar registrado que não odeio ninguém, mas acho que uma das maiores traições que o povo brasileiro cometeu contra si mesmo foi achar que Fernando Henrique Cardoso era uma opção melhor que o Lula naquela época e querer ver o Brasil sendo dirigido por um intelectual.

A que peça de teatro o Fernando Henrique Cardoso assistiu? Que livro disse que leu e gostou? Que intelectual convidou para jantar com ele?

Até o Castelo Branco assistia a todas as peças de teatro.

O Waltinho teve que levar um filme para ele assistir no Palácio.

Nunca se interessou por cultura. Ele deixou para o PT a cultura, para não ter de se incomodar com isso. Aí o cara teve que sair do PT. A questão social ele deixou para a mulher. É assim que marido faz: *"Faz aí, cuida pra mim"*.

Agora teremos um País novo, porque o olhar do novo Presidente está voltado para outra questão. Então, certamente, vai mudar.

Adoro juntar gente para falar mal de Fernando Henrique Cardoso. Adoro. É uma das coisas de que mais gosto na vida.

Mas não é esse o propósito da palestra. Quero falar dos palpites, para terminar meu tempo. Tenho vários palpites. Acho que devemos fazer uma reforma profunda no ensino fundamental, investir todo o dinheiro do Ministério nele e o que sobrar investir na universidade. É o contrário do que se tem feito. Porque, se resolvermos a questão do ensino fundamental no Brasil, daqui a quatro anos resolveremos a do ensino médio e daqui a oito anos a da universidade com muito mais facilidade. Se começarmos bem, teremos menos problemas no futuro. Primeiramente, temos de resolver definitivamente o problema do ensino fundamental.

Não vou dar palpite agora de como seria a escola dos meus sonhos. Há uma discussão que me irrita profundamente, sobre a promoção automática. Em primeiro lugar, o erro básico não está na promoção automática, mas na promoção. O menino não é sargento, não é cabo. O menino não tem de ser promovido. Isso é um absurdo. O menino tem de evoluir acompanhado.

Quando se falou em promoção automática, o que aconteceu? Passaram a pensar que tudo no Brasil é bagunça, e a professora relaxou. O aluno vai passar mesmo. A professora é uma idiota, não tem formação, ganha muito mal, é mal assistida, mal informada, é abandonada pelo Poder Público. E querem que a professora se esforce para o aluno passar de ano. Não tem que promover ninguém. Não tem que premiar menino nenhum. Se der um prêmio a um idiota, vinte e nove meninos ficarão infelizes. Para que premiar? Menino não é foca nem elefante para ganhar sardinha ou amendoim. Ninguém tem de ser premiado porque aprendeu. Tem de ser premiado porque correu mais, cuspiu mais longe. Aí faz uma festa.

É preciso que mudemos o conceito do ensino básico. E a solução do ensino básico é a educação acompanhada. Se o médico pode cuidar de cem pacientes por ano, por que uma professora não pode cuidar de vinte e cinco meninos? Tem de acompanhar os meninos um por um, com ficha.

Vou ao meu médico, ele pega minha ficha e sabe da minha vida toda. *"Em 1944, você teve uma dor de barriga."* Menino não tem de fazer prova ao final do ano. Provas servem apenas para angustiá-lo. A professora que não sabe que aluno pode ser promovido tem de ser mandada embora da escola. Testar o menino para quê? Para encher-lhe o saco?

Toda sexta-feira, ou de quinze em quinze dias, os professores se reúnem e cada um vai dizer como estão os alunos. *"O Zezinho está ruim, a Mariazinha não está bem. Tem que avisar pra mãe da Mariazinha que ela está mal em aritmética. Os que estão mal em aritmética vão passar a semana toda com a professora de aritmética."* Cada um tem seu tempo. Como se pode exigir que todos passem do mesmo jeito? Menino não é carneiro. É necessário que se mude o ensino básico.

Estou falando isso pelo Brasil afora. O que é preciso aprender até os dez anos? Depois de alfabetizado, tem de aprender a ler e escrever como quem respira, aprender as quatro operações, a tabuada, como meu pai aprendeu. Meu pai sabia a tabuada de dezessete. Eu nunca soube de tabuada de dezessete. Ele passou quatro anos repetindo: *"uma vez um, duas vezes dois"*. Tem de aprender a tabuada, como antigamente. E a música da tabuada é linda!

Tem a história de um menino que, quando voltou do colégio, a mãe perguntou: *"O que você aprendeu hoje, meu filho?" "Aprendi tabuada, mamãe." "Como é que é?"* Ele respondeu: *"Lá lá lá, lalari lá lá". "Meu filho, que número?" "Ah, mãe, eu aprendi a música, e você quer que eu saiba a letra?"*

Então, é preciso aprender a tabuada, somar, diminuir, multiplicar, dividir e a regra de três simples, para que o menino, ao se perder, saiba fazer o mapinha de como chegar em casa. Se não souber que dois está para quatro como quatro está para oito, não se localiza no espaço e, se não souber somar e dividir, não se localiza no tempo. Então, deve-se aprender aritmética básica, aprender a ler e escrever e gostar de ler e escrever. O resto a vida ensina.

A escola, ainda hoje — Sêneca reclamava disso há dois mil anos —, ensina para a escola, não ensina para a vida. O menino sai da escola e não sabe ler um anúncio para procurar emprego, não sabe escrever uma carta para pedir emprego. O que adianta saber o que é cloaca? Um sobrinho meu tirou nota baixa em Ciências, ficou em recuperação porque não sa-

148

bia o que era cloaca. Cloaca é cu de passarinho. Para quê o menino tem de saber o nome científico do cu do passarinho? O menino tem de saber ler, escrever e se expressar.

A pessoa se comunica com o mundo, relaciona-se com o mundo e com ele interage através dos cinco sentidos: tato, visão, audição, olfato e gosto. É a forma de interagir e de se comunicar com o mundo. São cinco sentidos. E mais importante do que os cinco sentidos é ler e escrever, senão a pessoa não se comunica com o mundo.

Para ilustrar a importância de ler e escrever como quem respira, eu sempre conto a história de um sujeito que estava uma noite num hotel dormindo e acordou com o cheiro de fumaça. Então, pensou: *"Se eu não tivesse olfato, teria morrido queimado, porque está havendo um incêndio, e eu fui acordado com o cheiro da fumaça"*. Estava escuro, ele passou a mão na parede e achou o interruptor. Então, pensou: *"Se eu não tivesse tato, eu morreria queimado nesse quarto, porque não acenderia a luz. Que maravilha que tenho tato e olfato"*. Aí ele olhou e pensou: *"Que maravilha. Eu tenho visão. Tem várias portas e eu posso escapar desse incêndio porque eu tenho visão"*. Então, ele olhou, escolheu uma porta e saiu por ela. Na porta que ele escolheu, estava escrito: *"Em caso de incêndio, não saia por esta porta"*. Como ele não sabia ler, morreu queimado.

Ler, portanto, é tão importante quanto qualquer um dos sentidos. E o que a escola faz? A maior alegria da criança é aprender a ler e, no dia em que ela aprende, a escola começa a fazê-la odiar a leitura. Faz um serviço contrário. Deveria fazer o menino gostar de ler e, para isso, não poderia cobrar nota dele. Livro não deve ser usado para que se dê nota nem exercícios. Livro é para prazer, e a professora tem de ler e gostar, porque senão não passa isso para o menino.

O palpite que quero dar é o seguinte. Ninguém pensou nisso. Prestem atenção. Tivemos várias reformas no século passado.

Eu queria dar palpite em alfabetização. Eu inventei o meu método de alfabetizar. Peguei minha empregada, que era muito inteligente, e disse-lhe: *"Você não sabe ler, não?" "Não." "Você conhece as letras?" "Conheço." "Então, vem cá que vou te ensinar a ler." "Como é que é?" "Que letra é essa aqui?"* Ela disse: *"P". "E essa aqui?" "A." "Então, abre a boca pra falar 'P' e falar 'A'."* Ela disse: *"Pa".* Eu falei: *"É isso aí, entendeu, burra?" "Você abre a boca pra falar 'P' e falar 'A'."* Ela falou: *"Mas ler é isso?" "É." "Ja-ne-la." "Então, eu sei ler."* E saiu lendo. Eu disse: *"Pronto, eu vou ensinar o mundo inteiro a ler".* Mas não é verdade, só funcionou com ela e comigo. Não funciona com todo mundo. Então, método de alfabetização só se pode inventar e dizer *"este é o melhor"* com trinta anos de experiência, porque aí se vai ver como a pessoa que aprendeu por aquele método vai aproveitar o aprendizado.

Eu aprendi, o Nelson aprendeu — a Lucélia, não — pelo método silábico. A língua portuguesa é silábica. Temos os sete sons básicos das vogais — a, é, ê, i, ó, ô, u — e com eles formamos qualquer palavra em português. Se eu falar "rétrato" ou "rêtrato", qualquer pessoa sabe o que eu estou falando. Se eu falar "pode" ou "pôde", vão dizer: *"Esse cara está falando esquisito".* Mas, em inglês, não. Se você escrever *grate* é "greit", se escrever *beat* é "bit", se escrever *Seattle* é "Siatou". Por que pararam de ensinar uma língua silábica pela sílaba? Expliquem-me! O que eu aprendi a ler — e eu aprendi para danar — foi perfeito.

Minha neta está com nove anos e ainda está naquela de decodificar, não sei mais o quê. Aquelas coisas do Concretismo. *"Depois ela aprende. Deixa ela conceber."* Depois, quando se coloca a palavra "anticonstitucionalissimamente" diante dela, ela demora uma hora para ler: *"An-ti..." "Não sei." "Como não sabe?" "Eu nunca vi essa palavra."* Então, não quero discutir qual é melhor.

No século passado, havia duas experiências: o Concretismo e a *Cartilha do* ABC, *O Caminho Suave ou a Cartilha da Infância.* Quero fazer a seguinte avaliação: qual deles foi melhor para cada geração que usou um desses métodos? Antigamente, havia primário e ginásio. Então, ficaram preocupados com a evasão e resolveram que o 1° grau seria feito em oito séries seguidas. Acabaram com a terminalidade. O aluno terminava o primário e pegava o seu diploma, ou entrava no ginásio, que era um outro universo, um outro tipo de aprendizado. Acho que ele

150

deveria ter, nos quatro primeiros anos, os fundamentos para preparar seu aprendizado curricular, aprender os códigos e, depois, entrar no ginásio. Aí passaram para oito anos o primeiro grau. Quem pode provar que foi melhor do que o antigo primário e ginásio? Ninguém testou, ninguém sabe se a minha geração, que aprendeu quatro anos de primário e quatro anos de ginásio não é melhor do que a geração do 1º grau em oito anos. Ninguém testou. Quero que isso seja testado, que se verifique o que foi melhor.

Pelo que acompanhei de meus filhos, acho que eles perderam muito por não terem primário e ginásio. Não se trata de nostalgia. Detesto nostalgia. Meu tempo não foi melhor do que os tempos atuais. Agora é muito melhor, há muito mais oportunidades. Meus filhos já rodaram o mundo inteiro, tiveram de tudo na vida, com a mesma capacidade que o meu pai tinha. "Minhas crianças só podem brincar no parquinho. Bom era o meu tempo, em que eu andava na rua nova." Besteira! A gente pode ser feliz em qualquer tempo do mundo. A felicidade está dentro da gente. Então, dizer que "o meu tempo era melhor", que "a escola era risonha e franca" é tudo mentira, besteira! Mas temos de testar. Essa mudança do 1º grau foi colocada em prática sem ser testada.

Mara Régia Di Perna – Infelizmente, não podemos ter, da mesma forma que a Dona Zezinha, todo o tempo do mundo. Gostaria que nos cinco minutos que lhe restam você fizesse algum comentário sobre como a sua literatura vem auxiliando de forma mais contundente as escolas no Brasil.

Ziraldo Alves Pinto – Não sei como foi que isto aconteceu. Nunca, na minha vida, fiz um livro com qualquer propósito que não fosse colocar no papel uma idéia do meu agrado. O livro *Vovó Delícia*, por exemplo, gostei muito de fazer. Descobri que, depois dos sessenta anos, o número de mulheres bonitas no mundo aumenta muito. Quando você tem trinta anos, só são bonitas as mulheres até essa idade, quando você tem sessenta, o que tem de gatinha de cinqüenta e cinco anos é uma loucura. Então, é um espectro maior. Comecei a perceber uma coisa na qual eu nunca havia reparado: avó gostosa. Eu nunca tinha reparado. Vó de biquíni, vó de bicicleta.

Certa vez, em Jaraguá do Sul, — não era um circo — entrou uma motocicleta no pátio em que eu me encontrava, como no filme de Fellini, e deu aquela rodopiada. Saltou da moto uma mulher, uma alemã toda simpática, toda cheia de vida, pegou alguns livrinhos, entregou-os para uma menina e disse: "Pega o autógrafo dele aí que eu tenho que ir. Daqui a pouco eu volto", e foi embora. Eu perguntei à menina: "Sua mãe ou sua tia?", e ela me respondeu: "Não, minha avó". Então, pensei: "Isso dá um livro".

Então, estou pouco me preocupando se o colégio vai ou não vai adotar o livro, se vai fazer ficha para professor. Tenho ódio dessas coisas. Como *O Menino Maluquinho* ficou famoso, conhecido demais, a editora me encomendou uns livros de atividades, que não considero literatura, mas um ganha-pão do autor aqui e acho que ajuda na escola. Quero fazer literatura infantil. A *Coleção ABZ* — não sei se vocês conhecem — são vinte e seis livros, cada um sobre uma letra. Vai sair num livro só, de trezentas páginas, que está ficando muito bonito. O mais engraçado é que em todos os livros infantis que escrevi — tanto em *Flicts* como em *O Menino Maluquinho, O Planeta Lilás*, "virar a página" faz parte da história. O livro é orgânico, quer dizer, o personagem vira uma página. Uma página é branca, a outra é preta. Nunca poderia imaginar que meus livros virassem peças de teatro e, no entanto, todos viraram. Neste momento, estou com oito ou nove peças de teatro sendo encenadas em Porto Alegre, Goiás, aqui em Brasília e em Belo Horizonte. Tenho, permanentemente, cinco ou seis peças de teatro que eu escrevi sendo encenadas. Quando você se dedica verdadeiramente ao que faz, a vida é mais ampla, porque o trabalho é mais bem feito. Eu capricho muito no que faço, mas não faço com nenhuma segunda intenção. Não quero ensinar nada a ninguém, a não ser quando venho colocar minhocas nas cabeças dos professores.

A vida é agora
Lucélia Santos

Sinto-me iluminada ao lado do Nelson Pereira dos Santos e do Ziraldo. Adoro ouvi-los falar. Poderia ficar aqui horas ouvindo-os. Vou dizer-lhes uma coisa até engraçada: apesar de eu ter construído toda a história da minha vida em cima da fala, da comunicação — afinal, o que é um ator além de uma pessoa que fala no palco e cuja condição básica é saber falar e se expressar pela voz? — apesar disso, não gosto de falar. Passei minha vida inteira falando publicamente, no palco, em entrevistas, mas eu gosto mesmo é de ficar quieta e de ouvir. Isso é engraçado. Eu exercito o oposto do que sou. O meu caminho espiritual, que me faz plena e confortável, é o silêncio, mas passo a vida falando.

Sou uma menina de família pobre, de operários. Meu pai foi operário da Rhodia, uma multinacional instalada em Santo André, durante trinta e oito anos. Minha mãe também foi operária. Quando casou com meu pai, foi para casa cuidar dos filhos. Ela era uma operária têxtil e ele operava motores na empresa.

Tivemos uma vida muito organizada. Meu pai vivia de salário, mas tivemos sempre uma vida muito digna, apesar de difícil, e sempre na ponta do lápis. Meu pai sempre teve uma organização financeira muito rigorosa para poder dar educação aos filhos. Ele fazia questão de que os filhos tivessem oportunidade de estudar. Naquela época, este era outro País. Ainda que ganhando salário mínimo, foi possível ao meu irmão fazer três faculdades. Ele fez Medicina, Biomédica e uma terceira especialização. Eu, muito cedo, aos nove anos, já demonstrava interesse pelo teatro e pelas artes e, por ser atriz, desde criança eu fugia e me escondia no Cine Tangará, um cinema enorme que havia em Santo André. Eu ia a todas as sessões. Era rato de cinema. Daí meu gosto, minha paixão pelo cinema. Eu via tudo o que passava lá de manhã, de tarde, de noite, sem pagar ingresso, porque o meu irmão era amigo do filho do gerente. A gente se infiltrava naquele cinema com mil e quinhentos lugares e que já não existe mais no Brasil. Hoje, onde funcionava o Cine Tangará está instalado um bingo. Isso está acontecendo muito. Esses cinemas viram bingos, estacionamentos ou templos da Igreja Universal do Reino de Deus — sem nenhum preconceito. É um problema grave.

Aos nove anos de idade, ouvi um chamado da Cacilda Becker pela rádio para uma montagem no TBC (Teatro Brasileiro de Comédia) e pedi à minha mãe para me levar. Ela nem me ouviu, pois estava ocupadíssima lavando roupa. Ela tinha uma vida muito dura de dona de casa. Aos quatorze anos, fui sozinha e iniciei minha carreira fazendo um teste num teatro em São Paulo para a montagem de um musical infantil e nunca mais parei de trabalhar como atriz até hoje.

Tanto o Nelson como o Ziraldo mencionaram, com relação à aprendizagem, o estímulo e a motivação de uma criança no seu olhar para o mundo, durante o processo de sua formação, como duas coisas importantes. Todos os que estiverem ao redor de uma criança devem permitir que ela seja criativa, que expresse sua vida, sua fonte mais primária. É preciso ter sensibilidade para respeitar a criança. E falta muito disso hoje em dia. As coisas são muito mecânicas e os professores têm tanto trabalho que é difícil olhar para uma criança e deixá-la brotar, surgir, nascer de si própria. Seria preciso reavaliar o relacionamento professor/aluno.

O Ziraldo tem toda razão. Meu pai e minha mãe tinham apenas o curso primário e são as pessoas mais inteligentes e extraordinárias que conheci na minha vida. Minha mãe, como a do Ziraldo, tinha grande facilidade para literatura, para escrever, contar e inventar histórias. A sua força sempre me impressionou. Eu costumava dizer a ela que, se tivesse estudado, em qualquer área que escolhesse, Direito, Letras, teria brilhado. Ela, como a mãe do Ziraldo, juntava um bando de crianças a seu redor, conforme pude presenciar uns seis meses antes de sua morte — ela morreu há um ano e meio —, dez garotos pequenos, completamente siderados, ouvindo as histórias que minha mãe contava.

Meu pai também sempre foi uma pessoa engraçada. Enfim, eles tinham apenas o curso primário. A base para o sucesso na vida é aprender bem matemática e falar bem português, conjugar verbos, construir frases, aprender um pouco de gramática. Hoje em dia, as pessoas não sabem conjugar verbos, mas isso se aprende no curso primário.

Lembro da Dona Gabriela, pessoa que quero sempre louvar — não sei se está viva, nunca mais a vi — minha professora no primário, que me obrigava a aprender conjugação de verbos e a estudar gramática e construção de frases. Tudo o que aprendi depois, aprendi sozinha, motivada pelo ensino da Dona Gabriela. Tudo o que aprendi: o gosto pela leitura, pela literatura e a vontade de crescer, trago do primário. Estudei em escola pública. É fundamental aprender português e matemática e saber a tabuada de cor. Fico chocada ao imaginar que os *yuppies*, grande parte dos quais estão no poder, aprenderam matemática na calculadora. Ninguém pode viver se não souber as operações fundamentais, se não souber um mínimo de aritmética e de álgebra, se não souber contar. O que dá rumo à vida de uma pessoa é a matemática e o português. Isso é básico, fundamental e deve ser retomado na escola pública.

Quando estudei em escola pública, ela era fantástica. Aprendi muitas coisas boas com meus professores: física, matemática, geografia e, sobretudo, português e matemática. Este é o trampolim para o salto no futuro. Quem tem uma boa escola primária, depois pode se virar sozinho. A menina que me auxilia na minha produtora apresentou-se a mim como universitária, dizendo que cursava Letras, mas não consegue escrever uma carta. Ela não sabe quando usar "ç" ou "ss". Isso ocorre com a grande maioria das pessoas com quem convivo e que estão assumindo atividades profissionais.

É muito importante retomarmos a consciência dessa relação tão importante do ensino fundamental, da relação professor/aluno e da escola primária no Brasil. A partir disso, poderemos pensar numa boa universidade. Temos de ver o que está acontecendo nas escolas primárias para ver o que fazer com o ginásio, o científico, a universidade.

Considero-me muito parecida com o Brasil; sou uma pessoa que me fiz sozinha e nunca tive facilidades na infância, na adolescência, na juventude. Sou filha de um pai e de uma mãe muito batalhadores. O grande sucesso que alcancei foi a partir de regras muito simples de educação e de formação. Sinceramente, o Brasil é possível. Lula vai conseguir fazer um bom trabalho. Eu me identifico muito com ele porque, embora pertencente à uma área diferente da minha, ele também é um batalhador. Espero que realmente passemos por grandes transformações, essenciais, de raiz, a partir da forma de aprender a ler, sobretudo transformações éticas em relação a olhar e aprender a respeitar o próximo de verdade.

Está faltando o resgate dessa vontade, dessa motivação, para sabermos que é possível transformar as coisas. Isso não depende do Lula, do Governo do PT ou de alguém. Isso depende de nós mesmos, de nos organizarmos e a consciência limpa, clara e dirigida para o que queremos. Isso está em nossas mãos. Não devemos esperar que ninguém resolva nada. Temos nós de resolver. Vocês na sala de aula, com seus molequinhos, como diz o Ziraldo, devem fazer isso todo dia.

A vida jorra como uma torrente, é uma constante. Não precisamos nos programar para começar o dia. É hoje, é agora, neste minuto, é a cada respiração, é aqui neste encontro. Ninguém sabe o que vai acontecer com cada um quando sairmos daqui, ou daqui a cinco minutos. A vida é exatamente neste momento. Está faltando à sociedade brasileira como um todo, especificamente nessa questão da educação, tomarmos para nós, em nossas mãos, a responsabilidade de fazer, de influenciar, de exigir a escola que queremos, a maneira como queremos transmitir o ensino, a educação. A sociedade brasileira está muito acomodada nessa confortável afirmação de que o povo brasileiro é bom e agüenta tudo. O povo brasileiro é bom, mas tem de ser ativo, determinado, tem de deixar de ser passivo. A sociedade brasileira depende muito mais de nós do que de qualquer governo.

É muito complexo, na atual situação social em que vivemos, discutirmos a escola dos sonhos. Tenho feito esse projeto de cinema com meu documentário para crianças da rede pública de ensino e percebo que, às vezes, é muito complicado transmitir uma mensagem, seja ela através do cinema ou da literatura, quando se está lidando com uma criança que está habitualmente vendo a violência dentro de sua própria casa, com pais separados, pai e mãe que brigam, pai alcoolizado, ou outro tipo de violência. Não sei com que tipo de criança vocês estão habituados a lidar no dia-a-dia. Esse deve ser o primeiro foco num relacionamento de aprendizagem, porque a criança chega à escola sem referências afetivas, amorosas. Ela chega tendo referências de violência, de pancadaria, de agressão. É muito complicado você fazer o buraco necessário para atingir a alma, o coeficiente criativo de uma pessoa que não tem as condições básicas de dignidade humana para poder ir para a escola, diferentemente de mim.

Eu estudava, gostava das minhas aulas, ia para casa, fazia minhas tarefas. Eu tinha estímulos na escola. Gostava, porque eu tinha um pai, uma mãe e uma casa que funcionavam. É muito complexo para vocês, para nós, termos que fazer esse buraco pela questão social que envolve nossas crianças até atingir sua alminha, porque temos um problema social a ser enfrentado.

Era este o dado que eu tinha a informar. Psicologicamente, esta é uma questão fundamental.

Desporto
A imprensa só fala de futebol
Ministro Caio Carvalho

A minha presença aqui é uma homenagem à categoria dos profissionais de educação física. Muitos dos presentes, não me conhecendo, obviamente não sabem o quanto eu luto, desde 1975, para que as pessoas possam entender que não existe no País a possibilidade de uma política voltada para o esporte que não contemple a participação do elemento humano, do profissional de educação física. Costumo dizer que não adianta construir uma quadra esportiva se não há o elemento humano para lhe dar uma boa utilização. O companheiro aqui de cima, com a maior facilidade, disse-me o seguinte: *"É o mesmo que construir um hospital e não colocar o médico lá dentro"*.

O fato é que estamos num momento de transição. Lars Grael certamente fará uma exposição a respeito dos programas que são voltados para o social, para o esporte escolar, para o esporte de base. Programas que, inclusive, envolvem a participação de detentos, como o Projeto Pintando a Liberdade, ou de crianças carentes, como o Projeto Navegar, criado por Lars Grael.

No momento em que se discute a questão do futebol, como disse a Deputada Esther Grossi, temos um grande desafio pela frente. Esse desafio não é apenas nosso, ele tem que ser vencido dentro da própria imprensa esportiva. Trata-se da monocultura do futebol.

Não tenham dúvida de que, se passarmos o dia inteiro discutindo com profissionais de educação física o que há de mais relevante para o encaminhamento de futuras gerações, não vai sair uma linha em jornal nenhum. Contudo, se alguém vier discutir o calendário da CBF, isso no dia seguinte sai nas primeiras páginas da imprensa esportiva.

De certa forma, essa é uma realidade com a qual temos de conviver e trabalhar. Estou convicto de que o novo Governo está preocupado, diante da postura do Presidente eleito, Luiz Inácio Lula da Silva, com a questão do social e da geração de empregos. Certamente, o foco terá que ser em cima do que eu e Lars Grael deixamos consignado, em audiência pública sobre o Estatuto do Esporte, na Comissão de Educação, Cultura e Desporto, comandada pelo Deputado Jurandil Juarez, do Amapá. O projeto foi relatado pelo Deputado Gilmar Machado, de Minas Gerais.

Resumindo, temos, sim, de cuidar do esporte de alto rendimento; temos, sim, de mudar um pouco essa questão de apoio às confederações. O clube, que é aquele que pode ter uma responsabilidade social e local, acaba de certa forma sendo esquecido pela legislação hoje existente.

O fato é que, neste País, com tantas carências, com tantas mazelas hoje expostas e que não estão mais embaixo do tapete, temos sem dúvida de procurar trabalhar a criança, que necessariamente não precisa ser campeã de nada. O Estado tem a obrigação de fazer com que a criança pratique atividade física, dando-lhe as condições de prática da educação física.

Há no Brasil, aproximadamente, cento e setenta milhões de pessoas. No passado, em 1975, os alemães falavam de massificação do esporte. Hoje fala-se em universalização da atividade física. Para isso precisamos do profissional qualificado.

Atualmente, existem cerca de duzentos e cinqüenta mil profissionais de educação física. Da Constituinte para cá, a Legislação está relacionada a nomes de pessoas, algumas até muito queridas, tais como Pelé e Zico. No entanto, não se fala na figura do profissional dessa área. Se vocês se debruçarem sobre toda a legislação do esporte, perceberão que não se menciona a figura do educador, daquele que trabalha em comunidades carentes, muitas vezes sob risco, para fazer com que a criança não vá para as drogas ou para a contravenção e seja trabalhada mirando-se nesse profissional. Quando íamos à escola, a aula mais agradável era a de educação física, o maior amigo do aluno era o professor de educação física.

Essa é a mensagem que deixo registrada, sem a pretensão de falar para os especialistas que estão na ponta, que trabalham com a sociedade e sentem muito mais do que eu ao que estou referindo. Aqui estão profissionais da área a qual mencionei, educadores, parlamentares, além de Lars Grael, referência de pessoa de caráter, de esportista e homem público.

Despeço-me pedindo-lhes que lutem nos seus Estados para que as pessoas entendam a questão do referido profissional.

Do fundo do meu coração, creio que muitos dos que não me conhecem estão pensando: *"O que esse cara de gravata está falando? O que ele fez por isso?"* Eu não tive tempo de realizar muitas coisas no Ministério porque meu tempo será de apenas seis, sete meses, mas já realizei algo antes, com muito orgulho.

Modestamente, promovemos grandes evoluções nessa questão do esporte: criamos ruas de lazer comunitárias, integrando profissionais de educação física, em 1975; desenvolvemos projetos como o "Mexa-se", o "Esporte para Todos" e o "Ginásio em Cada Prédio". Conclamamos as pessoas que moravam em edifícios em São Paulo a contratar professores de educação física para que ministrassem aulas nos espaços ociosos dos prédios.

O País precisa de criatividade, no bom sentido. Temos de usar a criatividade no esporte amador, na atividade física para a criança, para o jovem e para o estudante. Muito obrigado.

Esporte de rendimento é um atentado à saúde

SÁVIO ASSIS

Não vou entrar no mérito da discussão sobre o título da audiência pública: *Desporto de Participação*. Somente quero deixar registrado que essa foi a formulação que vingou na Constituição Federal. Desde aquela época, já havia formulações mais consistentes para oferecer à comunidade.

Enfatizarei o debate sobre a presença do esporte na escola, que cabe na lógica do desporto de participação, se entendido como participação *versus* seletividade, e não necessariamente no âmbito da perspectiva que está na Constituição, o desporto de rendimento ou performance, o desporto educacional e, numa outra perspectiva, o desporto de participação.

A solicitação da organização da Mesa é para que nós, nas audiências públicas, falemos da aprendizagem pela qual passamos ao longo da vida, incluindo os dias atuais, e de como pretendemos continuar aprendendo. Vou tentar, a partir da minha trajetória na escola, da minha relação com o esporte, identificar momentos ou situações que traduzam relevantes questões para uma reflexão coletiva.

O esporte tem sido minha preocupação de estudos, com prioridade para o esporte que tem lugar na escola. Mas, de antemão, devo dizer que o ritmo desses estudos não tem sido o mesmo de anos atrás, justamente por conta dos compromissos assumidos na área da educação, no que diz respeito à gestão municipal do Recife. Na dissertação de mestrado, que resultou no livro *Reinventando o esporte — Possibilidade da prática pedagógica*, publicado pela Autores Associados, em 2001, eu dediquei um tópico para dizer que o esporte era um tema que palpitava na minha trajetória pessoal. Na medida do possível, vou recuperar um pouco disso aqui.

Desde muito cedo, como aluno da escola pública, o esporte me aparecia como algo fascinante, como instituição da alegria, do prazer, da brincadeira, que me fazia ir à escola em horário diferente das demais disciplinas. Essa é uma situação que ainda persiste em muitas escolas. O esporte não participa da grade horária comum dos alunos. Mesmo assim, com bastante alegria, nós íamos à escola em outro horário.

A aula de educação física não existia para o grau de ensino em que eu estudava, à época chamado de primeiro grau menor. Supríamos essa ausência organizando nossos próprios jogos e nossas próprias brincadeiras, ou nos momentos em que a escola promovia gincanas. Esses eventos que o colégio organizava formalmente serviam também para selecionar os alunos que formariam as representações da escola para disputar jogos com outras unidades da rede pública.

Um pouco mais tarde, no chamado primeiro grau maior, passei a ter aulas regulares de educação física. Essas aulas, tais como as gincanas, também serviam para selecionar alunos que formariam as equipes para representar a escola nos jogos ou competições, mas com uma pequena diferença: o aluno não começava a jogar logo após ser selecionado. A seleção era feita no início do ano e passávamos, durante o ano inteiro, por um processo de preparação para os momentos dos jogos, das disputas escolares.

Fui um dos selecionados. Pode não parecer, mas fui atleta de voleibol — eu tinha vinte e cinco quilos a menos que hoje. Na condição de aluno atleta e já estudando numa escola da rede privada, aconteceu comigo o que era e ainda é comum: a oferta de uma série de vantagens para trocar de escola. Então, ainda adolescente, passei a lidar com negociações relativas a mensalidades, livros, transporte, alimentação, por conta de algo que fazia fundamentalmente por prazer, que era jogar voleibol.

Foram vários anos dedicados a treinos, competições entre escolas, clubes, representações estaduais. Outros sentidos e outros significados foram se incorporando à minha vivência com o esporte, tais como compromisso, responsabilidade, sacrifício, reconhecimento público de vitórias e derrotas, entre outros. Diria que foi jogando voleibol que concluí o 2º grau e ingressei na universidade, inicialmente pensando em ser técnico, treinador, mas depois, felizmente, fui atraído para o campo da educação física escolar, ou curricular, sem nunca abandonar o esporte como objeto de estudo, preocupação e ação.

Feito esse breve relato, gostaria de levantar algumas questões e tecer alguns comentários. Primeiramente, por que essa experiência foi marcante para mim, já que é comum, diante de tantas coisas por fazer, não lembrarmos muito do que ficou nos anos iniciais da nossa formação? Arriscaria dizer que essa experiência foi marcante para mim porque, nela, obtive algum sucesso. Mas também poderia dizer que ela seria marcante se eu tivesse obtido algum fracasso, pois guardamos tanto as boas quanto as más recordações. Dificilmente guardamos as medianas ou aquelas de rotina.

Quanto à educação física, no âmbito de um projeto pedagógico que tenha o esporte como conteúdo prioritário ou exclusivo, afirmo que ela costuma ser marcante para todo o mundo. Para a maioria, é marcante pelo fracasso; para poucos, muito poucos, é marcante por algum sucesso ou pela possibilidade de obtê-lo.

Nessa lógica de haver ainda quem não aprende, pergunto: será a escola um lugar para fazer seleção? Será a escola um lugar para promover a especialização? Infelizmente, em se tratando de educação física, a escola tem sido as duas coisas. Com o olhar do esporte, a escola tem selecionado e, sob a ótica do rendimento, tem promovido a especialização.

O que é a especialização? Na minha vinda para Brasília, li em uma revista no avião a seguinte frase: *"O especialista é aquele que sempre erra nas mesmas coisas"*. Isso me chamou a atenção. E o que é a especialização que ocorre na escola ou de uma forma geral? É justamente a diminuição do repertório do aluno, visando a obtenção de melhores resultados. Então, na educação física, com o olhar do esporte, tiro uma fotografia na grande aula e identifico aqueles que serão os jogadores de voleibol, aqueles que serão do basquete e aqueles que serão do futebol. É sempre uma fotografia arbitrária, porque o foco é o do professor, exclusivamente.

Mas há uma seleção e esses selecionados, daí por diante, vão fazer só aquilo. Assim, o selecionado para jogar voleibol vai participar apenas do treinamento de voleibol e é, inclusive, dispensado da aula de educação física, seja pela lógica reducionista do esforço físico, já que este será feito em outro horário, seja pela lógica pensada e arquitetada da especialização desse formato, ou seja, diminui-se o repertório para buscar melhores resultados. Os que não são selecionados continuam tendo as aulas de educação física. Nesse aspecto, a educação física e o esporte nesse ambiente vão na contramão da escola, ainda que numa perspectiva tradicional de ensino.

O que acontece nas demais áreas do conhecimento quando um aluno apresenta dificuldades de aprendizagem? Ele é convidado ou convocado a fazer uma aula de reforço. Isso ainda é uma perspectiva muito tradicional de escola. Na educação física e no esporte se faz o inverso: os que apresentam alguma dificuldade ficam na aula, jogados à mesma lógica, e os que apresentam alguma facilidade, com base na fotografia tirada, vão receber aulas de reforço, maior atenção, um olhar mais individual, uma leitura mais específica das suas possibilidades, um tratamento privilegiado.

No meu caso, praticamente não tive aulas regulares de educação física, inicialmente porque não eram oferecidas no grau de ensino e porque, num outro momento, quando o eram, delas fui afastado por ter sido selecionado e tive diminuído o repertório para buscar melhores resultados. Perguntei se a escola era lugar de selecionar e de especializar. Será a escola um lugar de se diminuir o repertório? Ou, ao contrário, será lugar de se ampliar repertório, de permitir o acesso a um amplo leque de possibilidades de conhecimentos?

Enfim, ser ou não ser atleta deve estar no âmbito da opção do aluno. E, para optar, é preciso ter acesso, que tem de ser prazeroso. Ninguém gosta daquilo que não conhece. Quando o nosso filho diz que não gosta de uma comida, negociamos com ele: *"Como não gosta, se não experimentou ainda?"*. Mesmo que na primeira garfada ele faça uma cara feia e não goste. Esse é um aprendizado que fazemos à mesa da nossa casa. Ninguém gosta daquilo que não conhece. Ninguém topa ousar ir além se não obteve sucesso no desafio atual. Nossos alunos precisam ter experiência de sucesso na resolução dos problemas a eles apresentados, para poderem se jogar na aventura de conseguir mais do que já fizeram.

Nosso aluno, em qualquer área e também no trato com o esporte, não precisa ter um padrão a seguir ou a alcançar, nem precisa ter o outro, seja o professor, seja um colega de sala, como objeto de comparação, no sentido de uma disputa. A facilidade a que me referi nem sempre é investigada e normalmente é tomada como algo nato ou como talento.

Consegui me relacionar com essa palavra no sentido de torná-la menos usual. Nessa correria em que vivemos, talento não serve — porque "tá lento". Não devemos considerar o outro que consegue ter mais facilidade num determinado jogo, numa corrida etc., como aquele que tem talento. Discursamos sobre talento sem pesquisar o currículo oculto: onde mora, se joga, se não joga, quais foram as experiências vividas antes de chegar à escola.

Então, aquele, seja o professor, seja o aluno, que obtém momentaneamente um melhor resultado num jogo ou numa atividade não pode ser tratado como modelo, mas como outro que pode nos auxiliar para avançar naquilo que já sabemos. Todos concordamos que todo o mundo sabe alguma coisa e está pronto para aprender outra coisa. Nessa zona de desenvolvimento, ele precisa de outros. A literatura, às vezes, fala do mais velho ou do mais experiente. Essa troca de experiências tem de ser facilitada pelo professor.

Falei de oferta de vantagens, bolsa de estudos, livros, para que um aluno atleta saia de uma escola e vá para outra. Não será isso uma forma de trabalho infantil? Quem vai nessas condições para uma outra escola não está submetido a exigências e cobranças que, uma vez não cumpridas, lhe retirarão todas as vantagens que conseguiu? Os senhores acham que uma escola que ofereceu essas vantagens as manterá se o aluno desistir de jogar, desistir de ser atleta ou não alcançar o resultado esperado?

Gostaria de chamar a atenção para um outro aspecto: é comum encontrarmos depoimentos que afirmam ser o esporte um dos fenômenos culturais mais relevantes do mundo contemporâneo. Por trás dessa frase, vem um discurso legitimador: esporte é educação, esporte é saúde, esporte é confraternização. Qual tem sido o modelo de esporte em nossas escolas? O de que esporte é saúde? Posso afirmar que sim, mas também posso afirmar que é doença. Se o considerarmos não no campo da saúde do indivíduo, mas do ponto de vista da saúde pública, ele é contraproducente. O esporte, por sua característica, é uma das profissões que mais afasta o atleta do trabalho, por acidente de trabalho.

Se é verdade dizer que esporte é saúde, também é verdadeiro afirmar-se que pode ser um atentado à mesma. Há discussão sobre o *doping*, sobre os métodos de treinamento, quando o "ganhar a qualquer custo" muitas vezes custa a própria saúde.

Esporte é educação? É. Para mim, toda prática humana é educativa, porque educação não é algo necessariamente bom. Ela é carregada de valores nos quais se expressam projetos históricos diferenciados. Se eu disser que quero uma criança crítica, criativa, pode ser que o esporte a ensine a ser conformista e a obedecer estritamente às regras. Há professor de educação física que diz que o esporte é bom na escola porque ensina o aluno a conviver com as regras. Não quero um aluno meu aprendendo a conviver de forma conformista com regras absurdas. Em algum momento, vou querer trabalhar com ele a transgressão intencional, aquela em que sei porque estou mudando. Dessa forma, poderei mudar na essência e não apenas na aparência, que não traz nenhuma novidade, não agrega nenhum valor ético diferenciado do comum.

Uma das possibilidades de resposta para entender porque o esporte é um dos fenômenos culturais mais relevantes do mundo contemporâneo talvez esteja no fato de dizer que ele é um fenômeno cultural, uma invenção nossa. Do mesmo modo que é uma invenção nossa, pode ser reinventado por nós. Ele "ritualiza", com algum grau maior ou menor de ludicidade, os valores fundamentais da sociedade capitalista: rendimento, competição, seletividade via concorrência e igualdade formal perante as leis e as regras, porque, afinal de contas, todo jogo começa zero a zero. Agora, quando ele começa, já desconfiamos de alguns resultados, seja no jogo político, seja na partida de futebol, na pelada ou na disputa das semifinais do campeonato brasileiro.

Os senhores poderiam me perguntar se essa não é uma postura contrária ao esporte. Eu diria que pode até ser, mas apenas aparentemente. De fato, considero que entender e desmistificar a lógica do esporte é o primeiro passo para defendê-lo como participante de um projeto político-pedagógico emancipatório, libertário, alternativo, seja lá que nome queiramos dar.

O modelo que tem orientado as políticas públicas, a ação docente e a prática pedagógica, tem sido o modelo de rendimento, o de esporte enquanto negócio, enquanto mercado e mercadoria. Talvez a nossa dúvida maior seja a seguinte: se o Poder Público se tem ausentado ou tentado se ausentar do mercado, sob o argumento de investir mais nas políticas sociais básicas, porque quando financia — e não o faz muito — o faz sob a ótica do mercado, seja construindo centros de excelência nas universidades, para produção de conhecimento visando a essa discussão do talento esportivo, da excelência esportiva, seja por meio de programas como o Esporte Escolar, que em seus documentos também fala na construção e formação dos futuros atletas olímpicos.

Sexta-feira da semana passada, em Poços de Caldas, se não me engano, iniciaram-se as olimpíadas colegiais, com alunos de doze a quatorze anos. O item "b" dos seus objetivos estabelece: *"Detectar talentos esportivos"*. E o próprio esporte de alto rendimento, aprendendo com a produção do conhecimento, já tem dado demonstrações de que nem acredita mais na idéia do talento esportivo, porque a Seleção Juvenil de Voleibol tem uma estatura média maior do que a adulta. Hoje, faz-se peneirão e, com um mínimo de coordenação motora, desde que se tenha o máximo de altura, selecionam-se pessoas, dizendo-se o seguinte: "Todos podem aprender e eu farei de vocês excelentes atletas para disputa de alto rendimento".

Há que se trabalhar bastante essa questão, para dizer que o esporte tem lugar na escola, sim, mas a forma como ele vai ser tratado depende de qual projeto pedagógico serve para o conjunto educacional. Todo o mundo é capaz de aprender tudo, mas não sob as mesmas condições. Quando o que está em jogo é o resultado, ele tem tempo para acontecer.

Tem-se pressa; na pressa, procura-se homogeneidade; na homogeneidade, não há lugar para todos. Então, procurando mesclar relatos da minha trajetória na escola com o que vimos estudando e atuando nessa área, verifico que não é uma obra de ficção. Isso acontece, todos os dias, nas escolas de todo o Brasil. Essa história passa pelas nossas mãos e pelos nossos olhos. Se quisermos escrever esse roteiro de uma outra forma, é possível, mas não é fácil. É preciso que, antes de tudo, queiramos fazer diferente.

Concluo agradecendo pela paciência e desculpando-me, desde já, por qualquer coisa. Coloco-me à disposição para o debate.

Deputada Esther Grossi – Sávio, queria dizer que me alegro muito ao ver alguém da área do desporto mostrar os dois lados do esporte, porque, normalmente, acho que atrapalha as lutas em qualquer disciplina escolar quando o professor daquela disciplina a enaltece, como se não houvesse possibilidade alguma de exagero e desvantagem na apropriação exclusiva daquela área.

Então, quando você diz que devemos atentar para os defeitos que podem induzir o esporte, acho extremamente importante. Segundo, lógico, a idéia de que por trás do tal que tem talento, temos de ver o que aconteceu com a sua vida; ou seja, quais foram as condições que o levaram até lá. E o terceiro ponto — fiquei de fora, porque não sou realmente da área — é que a escola, quando descobre esse indivíduo de talento, retira-o das diversas atividades esportivas, selecionando-o para um único gênero de esporte.

Desculpem o palpite de alguém que sabe que muitas vezes o esporte na escola não é devidamente considerado, além de bater no exagero dos professores de educação que dizem que ele é saúde e que sem ele não há inteligência. Acho que essa relativização que o Sávio fez é da maior importância.

Tem a palavra o Sr. Lars Grael.

Há um vácuo no desporto escolar

LARS GRAEL

Vejo que a discussão da redefinição de parâmetros, critérios e políticas, em especial para o desporto de participação, aquele que se manifesta, prioritariamente, nas comunidades e nas escolas, é longa, construtiva e importante.

Hoje, essa questão do desporto de participação, com toda a polêmica que a envolve, merece a atenção de todos nós. Sou oriundo da família olímpica, do desporto chamado auto-rendimento. Assim, dediquei minha vida tentando dignificar nosso País em competições internacionais. Todavia, confesso que, depois de quatro anos, com a minha experiência governamental, abriram-se horizontes em que pude ver, de uma forma mais lúdica, um compromisso social de ação do Governo na área do desporto, o que trouxe, para todos nós, um ponto de reflexão.

Vejo que essa discussão foi intensificada especialmente a partir dos Jogos Olímpicos de Sidney, onde ocorreu a suposta decepção do Brasil. Naquela ocasião, apesar de ter obtido doze medalhas olímpicas, no País da monocultura do futebol, onde o importante é ganhar, a falta de medalha de ouro gerou uma contestação muito grande. Assistimos a múltiplos debates entre atletas olímpicos e não-olímpicos, técnicos, árbitros, treinadores e profissionais de educação física sobre por que o Brasil nunca se tornou uma potência esportiva. Curiosamente, houve um consenso de que havia um vácuo da presença do Governo com relação ao desporto de base, aquele que se manifesta de forma participativa nas comunidades promovendo a inclusão social, em especial o desporto educacional.

Relacionado ao assunto, o Governo criou, primeiramente, um Ministério extraordinário, que teve vida curta, tendo sido posteriormente reanexado ao da Educação. Mais tarde, há quatro anos, foi criado o Ministério do Esporte e Turismo. No esporte de base, aquele desporto chamado social, a ação do Governo, em que pese ser simbólica em todo o País, passou a ter uma prioridade muito maior do que no passado. Há pouco tempo, observávamos que a ação do Governo no esporte limitava-se ao repasse de recursos para entidades nacionais de administração do desporto, as chamadas confederações e associações, e para o Programa Olímpico Nacional em âmbito internacional. Limitava-se ao auto-rendimento. Com a Constituinte, ficou claro o dever do Estado para com o esporte. Segundo o art. 217, seu dever é, prioritariamente, com o desporto educacional, com o desporto de participação nacional, com o desporto de criação nacional. Conseqüentemente, criou-se uma nova prioridade, um foco voltado para a questão social. Hoje, ao contrário do que muitos pensam, o orçamento do Ministério do Esporte e Turismo com relação a programas encontra-se assim dividido: 80% estão voltados para a questão social, ao desporto de participação, ao desporto de base; 20% estão voltados ao desporto de rendimento ou a algum outro percentual de auto-rendimento.

Se formos observar os programas hoje existentes do Governo Federal, falando em números de 2002, ano atípico, longe do ideal em execução orçamentária em face das restrições econômicas e do período eleitoral, o Esporte Solidário, programa de inclusão social sem o menor caráter seletivo ou de peneira, manifesta-se em quatrocentos e trinta municípios do País, quinhentos e cinqüenta núcleos e atende a duzentos e cinqüenta mil jovens de sete a dezessete anos de idade. É pouco, mas é uma ação superior ao que se fazia no passado.

Ainda dentro do Programa Esporte Solidário, temos uma ramificação de capacitação profissional, com a implantação de núcleos de atividade física aos portadores de deficiência, o chamado Projeto Esporte Especial, que hoje atende quinze mil e setecentos deficientes em todo o Brasil. Ainda é muito pouco.

Atendemos também a núcleos de atividades físicas meramente participativas voltados para a terceira idade, gerando saúde e felicidade. Hoje temos trinta e três mil idosos, a melhor idade no Brasil, sendo beneficiados por este projeto.

Numa outra extensão do esporte solidário, atuando com esportes náuticos, no aspecto da educação ambiental, na capacitação de regras de tráfego marítimas, promovendo o desporto de participação através de remo, canoagem e vela, atendemos um cenário de doze mil e setecentos jovens no País, em trinta e sete núcleos, por trinta e cinco municípios, ao longo de dezoito Estados.

Por intermédio do Projeto Pintando a Liberdade, aquele de produção de material esportivo nos presídios, hoje temos cinqüenta e três unidades de produção, convênios em 2002 para produção de setecentos e cinqüenta mil itens de material esportivo, todos doados aos programas sociais do Governo. Até esta data doamos quatrocentos mil itens.

E com relação ao desporto educacional? Justamente dessa contestação que falei, após os Jogos Olímpicos de Sidney, ficou uma necessidade: o Brasil tem de ter uma política nacional para o esporte que não seja uma política de ocasião, de um gabinete, de um Ministro ou Secretário que está de passagem, mas uma política que venha do setor.

Ao final de 2000, promoveu-se a idéia de criar uma câmara setorial para o esporte. Não foi fácil. Tive a missão de coordenar esse trabalho, trazendo representantes até então heterogêneos desse tecido que é a educação física e o desporto nacional. Lá estiveram técnicos, treinadores, atletas olímpicos e não olímpicos, paraolímpicos, secretários municipais de esporte e educação, secretários estaduais, professores universitários, cientistas e pesquisadores, representantes de confederações e comitês, o desporto militar, todos promovendo uma discussão.

No início parecia que nunca iríamos chegar a um consenso, mas, curiosamente, justo no setor de base, ficou evidenciado que a prioridade seria voltar a ação do Estado em favor do desporto educacional. Houve um vácuo na jurisdição dessa matéria, no sentido de que o Ministério do Esporte tratava dessa questão sempre de forma voltada à questão social nas comunidades e no rendimento e o Ministério da Educação tratava da formação educacional e curricular visando a educação intelectual. Acho que não existe educação plena que não contemple educação intelectual e educação física.

A Lei de Diretrizes e Bases da Educação foi formulada num período em que os profissionais de educação física e aqueles do setor do esporte dormiram no ponto. A educação física foi retirada do currículo obrigatório das escolas. Concebeu-se, então, o chamado Programa Esporte na Escola, lançado no ano passado com ampla discussão e grandes dificuldades para sua implantação no Ministério do Esporte, cujo orçamento não tem impacto nacional e é muito restrito.

Conseguimos avançar com várias ações, especialmente gerando um reflexo no Congresso Nacional, que teve sensibilidade em relação a essa causa e alterou a Lei de Diretrizes e Bases, resgatando a obrigatoriedade da educação física nas escolas, em dezembro do ano passado. Foi um avanço. Mas não basta obrigar, é necessário criar meios para que o esporte na escola se manifeste, como falou o Ministro Caio.

Criamos, então, um programa de construção de quadras poliesportivas, de implantação de infra-estrutura nas escolas, doação de material esportivo para as mesmas, capacitação de profissionais de educação física — o que é fundamental — por intermédio de convênios com a Universidade do Professor, vídeos de capacitação da *TV Escola*, implantação de núcleos de educação física nas unidades de ensino com o sentido participativo e de inclusão, não de formar talentos obrigatoriamente ou de fazer peneiras esportivas. Resgatamos as olimpíadas colegiais, em substituição aos antigos JEBs (Jogos Escolares Brasileiros) — participei do JEB de 1974, em Campinas, e sei o quanto isso foi importante para a minha formação como indivíduo e mais tarde como atleta.

O fundamental é que não podemos jamais dissociar o desporto da educação física. A educação física tem de ser participativa, possibilitando acesso a todos, tratando a todos de forma diferenciada. Temos de dar acesso ao portador de deficiência, àquele que manifeste ou não talento, mas, sobretudo, valorizando a ação do profissional habilitado. Este, sim, é capaz de fazer educação física de qualidade, até mesmo sem uma quadra, desde que tenha motivação, capacitação e remuneração digna para tanto.

Verifico que este é um desafio muito grande para esta nova fase: valorizar o desporto na escola, não com uma visão seletiva, uma visão darwiniana, de ali retirarmos talentos, mas para que possamos dar a todos, no Brasil, o acesso à prática da atividade física. Obviamente, não podemos também quebrar a coluna vertebral do esporte, coibindo um talento – surgido numa escola ou que já esteja manifestando-se na comunidade ou no clube – de representar a sua escola, o seu município, o seu Estado ou o seu País.

O desporto tem hoje uma estrutura piramidal, uma base que precisa estar cada vez mais sólida. Nessa base há a ação e o dever do Estado. Contudo, não podemos abandonar a estrutura do desporto de competição, que se manifesta nos clubes, nos talentos que surgem, na abordagem científica e tecnológica e mesmo no esporte de rendimento, que não deve ser prioridade do Estado. Devemos cuidar, no próximo período, de obter uma lei pela qual tanto lutei, mas cuja consecução não obtive: trata-se da extensão dos benefícios da Lei Rouanet para o esporte, porque esporte também é cultura, educação e saúde.

Ele traz, ainda, a disciplina saudável, desde a formação educacional, tenho certeza. Proporciona a paz e a confraternização entre povos, desde a comunidade, com a prevenção à violência, contra a qual o esporte hoje é um instrumento eficaz, até entre Estados, na confraternização entre países. O desporto consegue realizar isso. Tivemos, como exemplo, os Jogos da Amizade, para colocar fim à Guerra Fria.

O esporte também traz hoje a manifestação de um valor que julgo importantíssimo: o patriotismo. Perdemos, na educação formal, as aulas de moral e cívica, porque talvez as tenham vinculado a um período de exceção, de um governo militar. Entretanto, a moral e o civismo são eternos, devem estar presentes na formação do indivíduo. Se queremos uma sociedade coesa, temos de valorizar desde a célula básica, que é a família, até a coletividade, que é a Nação e o Estado.

Hoje o brasileiro manifesta de forma espontânea o patriotismo quando torce para seu País nos Jogos Olímpicos, nos Jogos Pan-Americanos e na Copa do Mundo de Futebol. Lembro-me do orgulho que sentíamos ao ver o Ayrton Senna na linha de chegada. O esporte hoje encampou essa bandeira do patriotismo, tão importante.

Por isso, temos de olhar o esporte de maneira global. Não podemos abandonar o rendimento, mas temos que priorizar a ação de base.

O jogo não começa em zero a zero

ROBERTO LIÃO JUNIOR

Tendo em vista a exigüidade do tempo e tentando garantir um espaço maior para o diálogo com o plenário, inicio negando a tese, muito bem apresentada pelo Sr. Sávio, de que o jogo começa em zero a zero. Lembro que ontem, no jornal *Folha de S.Paulo*, foi publicado um retrato do Brasil: cinqüenta e quatro milhões de pessoas vivem com meio salário mínimo, algo que não salvaguarda uma condição de dignidade humana para qualquer cidadão. Portanto, o jogo não começa em zero a zero.

Vivemos numa sociedade estratificada, numa sociedade de classes e precisamos referenciar socialmente esse desporto. A partir de que concepção procuraremos desenvolver esse debate? Qual é o legado que esse modelo social, esse modelo do capital, essas políticas ditas neoliberais deixaram para o mundo contemporâneo?

Dialogando com Sader, se o mundo fosse uma aldeia com mil pessoas, metade da riqueza estaria nas mãos de apenas sessenta e seis delas — todas norte-americanas. Oitocentas, dessas mil pessoas, viveriam em casas de má qualidade; duas, em cada três, não saberiam ler, tampouco escrever; uma teria educação universitária, sendo que, de cada dez mortes, oito seriam vitimadas por questões de ordem social.

O que significa isso em termos de concentração de renda? Os países do centro capitalista detêm quase 80% do produto nacional mundial; os mais pobres, 1,5%. Significa dizer que 20% da população concentra mais de 80% da riqueza mundial e os demais 80% dos habitantes deste planeta, 17%.

Para ficar mais claro, se pegarmos as duzentas e vinte e cinco maiores fortunas do mundo, que somam uma quantia superior a um trilhão de dólares, essa fortuna igualar-se-á a, aproximadamente, 47% da população mundial, ou seja, 2,5 bilhões de pessoas. Apenas 4% da riqueza desses duzentos e vinte e cinco maiores milionários do mundo seriam suficientes para possibilitar a todos os habitantes do planeta o acesso ao ensino básico, à saúde, à saúde reprodutiva, à alimentação suficiente, à água limpa e ao saneamento.

Isso significa que o ser humano construiu conhecimentos para salvaguardar a dignidade, os direitos sociais, uma vida de direitos. Só que o modelo do capital subverte essa lógica.

O que significa isso no nosso País? Em junho, Brasília talvez tenha tido a maior manifestação popular da sua história recebendo os pentacampeões mundiais, que lotaram esta Esplanada. Momento muito rico do ponto de vista de organização e de manifestação popular.

Três semanas depois, a ONU divulgou o Índice de Desenvolvimento Humano, em que o Brasil já não detinha o primeiro lugar, mas a 73ª posição no que diz respeito as contribuições fundamentais de políticas sociais (saúde e educação), superando a história do PIB e da renda *per capita*, que faziam uma análise estreitamente restrita do ponto de vista social.

Qual o retrato disso no nosso País? Aqui, também, os 10% mais ricos ganham quase cinqüenta vezes a mais do que os 10% mais pobres. Temos uma concentração de renda que quase nos dá uma medalha. Estamos em quarto lugar, só perdendo para Serra Leoa, República Centro Africana e Suazilândia, os três países com maior concentração de renda. Por pouco o Brasil não sobe no pódio. No Índice de Desenvolvimento Humano, estamos na 73ª posição.

Em outras questões também voltamos ao pódio.

Segundo trabalho desenvolvido pelo IPEA (Instituto de Pesquisa Econômica Aplicada), em 2000 — *A Estabilidade Inaceitável: Desigualdade e Pobreza no Brasil* — nosso País está na 9ª posição mundial no que se refere à aquisição de automóveis da marca Ferrari que custam, cada um, seiscentos e cinqüenta mil reais. No mercado de jatinho particular, que custa aproximadamente nove milhões de reais a unidade, ou 4.584 anos para um trabalhador que recebe um salário mínimo adquiri-lo, estamos na 3ª posição.

Desenhando esse quadro para que nos situemos nessa "cidadania partida", como o companheiro Cristovam Buarque diz, o Datafolha fez uma pesquisa em cento e vinte e seis municípios, dialogando sobre condições de trabalho. Ficou muito clara a precariedade na geração de empregos. Hoje, quando discutimos a questão da Previdência, vemos que é praticamente um para um, um formal e outro não-formal ou informal, nomenclaturas que o capital vai utilizando para desqualificar as relações sociais no Brasil e hierarquizar as relações internas entre cidadãos.

Quando esses cidadãos são entrevistados, quanto ao tempo de lazer, 50% declaram ser suficiente e 14% mais do que suficiente, ainda que 46%, ou quase a metade, durmam menos de oito horas por dia; 60%, ou mais da metade, tenham menos de uma hora para almoçar e bem mais da metade argumentem serem muito felizes ou felizes no trabalho.

Concordo com o Karel Kosik, quando ele afirma que a banalização ou a naturalização da barbárie faz com que o homem se acostume até com a forca. Criamos condições sociais de vida das mais inóspitas e achamos que a barbárie passa a ser um referencial social. Naturalizamos essa cultura do lucro, assim como a pobreza, incorporamos-na ao cenário social e achamos que isso faz parte de um processo natural. Assim, nosso papel, do ponto de vista político, é "desnaturalizar" essa concepção e reafirmar as políticas sociais como aquelas de direito na construção da cidadania. E é dentro dessa categoria, cidadania, que quero me aproximar com mais sentido do conceito de participação.

Dialogando agora com o Gohn, numa matriz materialista e filosófica: ele aponta que o conceito de participação, do desporto de participação na nossa compreensão — em que se estabelece essa ponte, esse diálogo —, é articulado com o processo histórico de luta de classes voltado para transformações da condição da realidade social.

Há frases como *"Manda quem pode, obedece quem tem juízo"*, *"Onde todo o mundo manda, ninguém manda"*, *"Política, futebol e religião não se discute"*. Mas precisamos superar na intervenção concreta, precisamos intervir e submeter essa lógica, que foi estabelecida como verdade absoluta no senso comum da realidade nacional, e entender que essas manifestações apontam para uma perspectiva de organização de sociedade da subserviência, da submissão, onde há questões que uma parte da sociedade não deve participar, mas deve executar.

Assim, nesse conceito de cidadania, de participação substantiva, inserem-se as lutas pela democratização da sociedade brasileira. E como superamos esse modelo de participação secundária que constrói esse degradante quadro social no nosso País? Apontando políticas públicas sociais que devem ser incluídas no rol das ações do Poder Público.

Azevedo aponta como e o que são essas políticas públicas: são programas que dão a materialidade da intervenção do Estado, o Estado em ação. E o que mostra enquanto perspectiva? O projeto que, vitorioso nas urnas, sugere, em diálogo com a construção conceitual desse setor, a construção de políticas intersetoriais, ações articuladas com a educação, cultura, saúde, o turismo, a segurança e um dos itens traz, com muita contundência, a dimensão do esporte de participação.

Aponta o esporte participação de qualidade: dar a ele um tratamento que se preocupe com os espaços para a prática e, sobretudo, valorize as manifestações esportivas e de lazer da nossa cultura, buscando ampliá-las qualitativamente, visando a apropriação da sua prática, de sua assistência e de seu conhecimento.

Portanto, essa proposta alia-se a uma vida com direitos sociais, superando uma cultura que hierarquiza esses direitos: alimentação, educação, esporte, lazer, moradia, trabalho, enfim, dimensões que garantam a plenitude e a dignidade dos cidadãos.

Para concluir, e reafirmando o que disse anteriormente, esse modelo social que se apresenta como vitorioso na construção da sociedade, modelo do capital, procura naturalizar a barbárie, apontando e perpetuando modificações na escala de valores humanitários. Quando começamos a achar que tais valores são correntes, habituais e usuais em nossa realidade, passamos a incorporá-los como algo dado, distante e assepticamente organizado pelo homem em suas relações sociais.

Ao concluir, proponho que o primeiro programa, o Fome Zero, apresentado pelo Presidente eleito, Luiz Inácio Lula da Silva, que prevê uma cesta básica por família, insira também o esporte. Quer dizer, que ele esteja ombreado com os demais aspectos dessa cesta básica e que não seja inferiorizado hierarquicamente em sua dimensão social.

Esporte como cultura corporal

JAMERSON ALMEIDA

Para mim, é motivo de grande satisfação estar aqui a fim de fazer uma abordagem sobre o desporto de participação, no momento em que estamos com grande expectativa no sentido de inovar em várias áreas, especialmente na do esporte e lazer, com o novo Governo que irá assumir em janeiro.

Nesse sentido, nossa responsabilidade é muito grande ao vir aqui apresentar a concepção dos círculos populares que estamos construindo na cidade de Recife, através da política de esporte e lazer.

Em primeiro lugar, nossa compreensão é a de que é preciso desmistificar a dicotomia existente entre os desportos de participação, o de rendimento e o educacional. O que vigorou até hoje na política do desporto educacional tem como pano de fundo, sim, a seleção de talentos, ou seja, é regida pelos códigos do esporte de alto rendimento. Até hoje, as tentativas de superar essa perspectiva foram extremamente tímidas, acabaram frustradas, não conseguiram superar a lógica do funcionamento do desporto nas escolas e do de lazer ou de participação.

Propomos, em primeiro lugar, considerarmos que na participação existe um processo de aprendizagem social, portanto, um processo educacional, e que não existe esse processo, o desporto educacional, sem a participação. Por isso, sugerimos a construção de uma síntese que leve em conta os códigos, em que os espaços dessa manifestação da prática esportiva sejam a lógica orientadora.

Nessa síntese, os círculos populares propõem uma educação para a construção do tempo livre, pressupondo que nós, seres humanos, somos seres da práxis, seres, em essência, produtores de cultura.

O esporte, porém, na lógica do alto rendimento, impõe-nos leis e códigos extremamente rígidos que nos põem não na posição de produtores de cultura, mas de consumidores.

Por isso, a idéia da construção do tempo livre pressupõe também que discutamos a perspectiva da redução da jornada de trabalho, tema que irá fazer parte da pauta do próximo Governo. Aliada a essa redução precisaremos de uma educação para aproveitarmos bem o tempo ocioso, para que possamos exercer a nossa atitude de liberdade, isto é, produzindo cultura e ampliando o acesso à ela.

Não poderemos produzi-la reinventando a roda, é preciso que todos tenham acesso à cultura socialmente produzida e historicamente acumulada pela humanidade.

Em segundo lugar, esse acesso deve vir acompanhado de uma perspectiva de criação, de produção ou de reinvenção do esporte, como foi dito pelo companheiro Sávio Assis. Isso não se dará, de forma alguma, se ela não estiver incorporada também à participação política dos mecanismos de decisão em relação ao acesso e às possibilidades de criação e de produção cultural. É preciso perceber o esporte com essa perspectiva. Aí, estaremos construindo um tempo liberado, com atitudes de liberdade, de criação e de produção.

Na proposta dos círculos populares, a perspectiva que estamos focalizando como eixo é a apropriação e a construção da cultura corporal e desportiva da população. É preciso que imaginemos que a educação em tempo livre e para o tempo livre possa ter vários eixos, o eixo artístico, o turístico, o esportivo e — a nossa proposta — o da cultura corporal.

Isso também só ira ocorrer se seguirmos alguns princípios fundamentais, como o da utilidade social. As manifestações esportivas deverão ter forte vínculo com os interesses e objetivos sociais e políticos das comunidades.

Em terceiro lugar, é preciso que, para uma atitude de liberdade no tempo livre, seja considerado o princípio da auto-organização da comunidade. Esse tipo de aprendizagem vai desde a auto-organização para construir aquele espaço esportivo até as decisões das políticas públicas, passando pela auto-organização das atividades a serem desenvolvidas no decorrer da semana, dos feriados e dos finais de semana. Tal perspectiva precisa também estar inspirada na cultura popular, aquilo que as classes populares conseguem extrair no seu estado econômico, social e político.

Por fim, o princípio da intergeracionalidade, que se refere à necessidade de integrar várias gerações, vários segmentos ou várias faixas etárias da população. Os círculos são organizados a partir de grupos de infância, de juventude, de adultos e de idosos que comungam de um mesmo espaço e constroem sua cultura corporal de forma autônoma e livre.

Vamos precisar considerar alguns fatores inibidores da realização e da conquista do tempo livre. Fora esse aspecto da redução da jornada de trabalho e do acesso, é preciso superar o estado de privatização e depredação dos espaços e equipamentos públicos de esporte e lazer.

No Recife, temos um grande problema: a maioria do território relativo aos referidos espaços foi, durante quarenta anos, concedida a grupos que os tratam de forma privada. São comodatos de vinte, trinta, quarenta e até cinqüenta anos. O sujeito se apropria daquele território como se fosse dele, cobra taxas da população e, com esse esquema, crianças, adultos e idosos a ele não têm acesso.

É preciso, na construção do tempo livre, que reflitamos bem sobre a utilização desses espaços. Se é verdade que não se trata somente de um lugar que promove o acesso à cultura, também sem ele — ou sem um espaço de qualidade, com equipamentos —, crianças e idosos não poderão ver atendidos seus interesses.

Portanto, temos de configurar esses ambientes de acordo com os interesses da população, e é nesse momento que se deve aplicar o princípio da utilidade social. Se não agirmos assim, não haverá construção de tempo livre nem acesso à cultura. Temos de entender que não basta um professor e uma bola; é preciso um espaço digno para todas as pessoas, assim como a classe média dispõe de clubes e círculos. Não nos serve mais aquele discurso do pouquinho que satisfaz; temos, sim, de fazer o discurso da dignidade, do direito e do acesso para todos.

Falta, então, uma programação sistemática de animação esportiva e cultural. Nosso povo não pode ficar restrito ao futebol. Claro que o futebol é importante, mas temos de diversificar, para que o filho do trabalhador que fabrica o *jet ski* também possa ter acesso a ele.

Além disso, as iniciativas espontâneas da população carecem de apoio. Quer dizer, não se concebe auto-organização se não se pensar que existe o voluntariado, isto é, pessoas que se organizam mesmo em situação extremamente precária. Esse é um outro elemento fundamental da participação na cultura corporal e na construção do tempo livre.

Para que tudo isso aconteça, há necessidade de se ter quadros qualificados para trabalhar com a população. Não adianta dar uma bola, ter o lugar para as pessoas brincarem, se não se dá ao professor a possibilidade de reinventar práticas pedagógicas. É preciso ter espaço para formação educacional num tempo em geral não considerado importante, o tempo do nãotrabalho.

Assim, vimos apresentando algumas ações estruturadoras à Prefeitura de Recife, tais como a democratização e revitalização dos ambientes aos quais me referi, bem como o desenvolvimento de práticas sistemáticas a partir da intervenção de educadores em função de alguns nortes da prática pedagógica, como os círculos de convivência, uma nova forma de organizar a intervenção sistemática e o planejamento participativo semestral e anual — nesse sentido, no início, faz-se uma problematização do universo cultural dos círculos de crianças, jovens, adultos e idosos daquela comunidade. Vale ressaltar que as atividades que resultam do planejamento participativo são, todas elas, realizadas com o auxílio e auto-organização dessas comunidades.

Outras ações estruturadoras são: os arrastões do lazer; as colônias de férias — espaço extremamente importante no mês de janeiro para as crianças —; os encontros e seminários, onde os círculos em várias comunidades se encontram para repassar experiências de auto-organização realizadas em seus bairros e os festivais de cultura corporal, grandes festas e eventos de confraternização.

Quero ainda mostrar algumas fotos e experiências que vimos desenvolvendo no Recife.

Isso aqui é um esboço de um projeto de revitalização de ambientes. Em cada espaço de várzea, a idéia é que, conforme sua configuração, valorizemos a possibilidade de múltiplas experiências na área da cultura corporal. Temos aí campo de futebol, quadras, espaço para jogo de dominó, para jogos de mesa, para jogos populares — e o seu resgate é extremamente importante. Enfim, é um projeto que mantém na sua concepção a perspectiva do recinto livre com múltiplas possibilidades de convivência.

Em cada um deles, para honrar a idéia da participação, é preciso instalar um processo de gestão democrática em que todas as pessoas que irão utilizar aquele local possam também participar da direção e da própria gestão do mesmo.

Essa foi uma reunião que realizamos com o primeiro conselho de esporte e lazer, numa comunidade chamada Macaxeira, na zona norte de Recife. Foi uma experiência piloto muito rica, porque quebramos aquela lógica de que só quem pode falar da gestão dos espaços é o esportista, o atleta. No início, essa postura causou polêmica muito grande, porque quem chegava àquelas reuniões de orçamento participativo dizia: "*Quem pode falar de esporte é a gente, que joga bola*". Isso ficava resumido aos campeonatos de várzea, às pessoas que participavam daquela atividade. Propomos um modelo diferenciado, com a participação das crianças, da juventude, das mulheres e dos idosos, para que se façam representar e defender seus interesses nesses lugares. Foi uma experiência importante e que está trazendo bons frutos.

O desenvolvimento de práticas sistemáticas implantadas em quatorze comunidades.

Nos círculos de infância e juventude a idéia de se diversificar o acesso tratando da ginástica, dos jogos populares, da capoeira, de modalidades esportivas.

Esta foto, apesar de pequena — não sei se vocês conseguem vê-la — é simbólica para nós. Ela expressa o interesse que uma criança de três, quatro anos tem de acessar à cultura corporal, e que, na educação para o tempo livre, temos de levar em consideração.

Os idosos dão um testemunho de grande participação política. Realizamos um encontro municipal de esporte e lazer do idoso, em que a participação se iniciou com a construção da política, desde o diagnóstico, onde apresentaram seus interesses e problemas, até a definição de nortes e diretrizes. Nesse encontro, reunimos mais de seiscentos idosos e mais de cem entidades voltadas a eles. Naqueles quatorze círculos, funcionam os da terceira idade.

É muito importante considerar o idoso como um produtor de cultura, e como tal ele é capaz de organizar expressões do Movimento Mangue Beat, ou seja, a demonstração esportiva do movimento que teve como precursor o saudoso Chico Science.

Temos acompanhado as escolinhas na várzea, o esporte popular, o futebol e o vôlei de várzea. Estamos acompanhando o trabalho voluntário das comunidades.

Aqui, a equipe de oitenta professores que trabalha nesse projeto. Anualmente, fazemos duas capacitações. Semanalmente, cada círculo se reúne para discutir os seus problemas e interesses, além de reorganizar e planejar suas práticas. Esse trabalho tem causado grande impacto na formação do profissional de educação física, com a perspectiva de um trabalho social, não apenas de formação do treinador.

Alguns impactos sociais, para fechar a minha fala, fruto de um ano de trabalho. É um projeto recente, mas que já dá demonstrações de avanço em alguns aspectos.

O primeiro é o despertar da população para o reconhecimento do esporte e lazer como um direito social. Grande parte da população não entende o esporte como um direito, mas, sim, como um artigo de luxo, um supérfluo, ou mesmo como um favor para tirar as crianças das ruas. É preciso ter a compreensão, assim como em relação a outros direitos, de que o esporte e o lazer são um direito social que agora se está expressando nos fóruns do orçamento participativo. Este ano, ficamos situados no sexto lugar num rol composto por onze temáticas. Foi um avanço significativo, porque, na maior parte das cidades, o esporte é colocado nas últimas posições da cesta básica.

O segundo é o fortalecimento da luta comunitária pela democratização, recuperação e ampliação dos espaços de esporte e lazer. A população, cada vez mais, vem-se engajando nessa luta. Ela denuncia aqueles lugares onde ainda existe a prática privatista e se coloca à disposição para sua reconstrução democrática.

O terceiro é o resgate da memória popular em relação a jogos, brincadeiras e folguedos, que estavam esquecidos pela população, principalmente pelas nossas crianças, que hoje não têm recintos, porque estão presas em apartamentos ou porque não têm condições devido ao fato de serem de comunidades de baixa renda. Elas não têm espaço e o acesso à cultura e às práticas de lazer são restritas. Resta apenas o lixo cultural que a televisão vem despejando sobre nós.

O quarto é a resignificação do esporte oficial, segundo os interesses da comunidade, a mobilização de agrupamentos juvenis e praticantes de esportes radicais, normalmente setores marginalizados que se reúnem em grupos, mas não se reconhecem como organização coletiva. O projeto aponta sinais de organização consciente de grupos que se unem para participar do fórum de juventude e outros eventos que começam a ser desenvolvidos em Recife.

O fortalecimento da identidade afro-descendente dos grupos de capoeira. Enfim, o envolvimento de diversos segmentos da população na vida política da cidade, particularmente nos encontros e fóruns do orçamento participativo.

Estamos construindo essa experiência há um ano. É a tentativa de construir uma síntese, com uma concepção de participação diferente e que supere o atual modelo ou essa falsa participação que vigorou até agora, ou seja, a de esquemas prontos.

Propomos que o entendimento desse tipo de participação seja superado por uma perspectiva de autodeterminação coletiva. É preciso que se reconheça o esporte, o lazer e a educação, para o tempo livre e no tempo livre, como uma das dimensões da cidadania cultural.

Portanto, participar quer dizer intervir na formulação das políticas, no acesso à cultura e na avaliação permanente do que vem fazendo o Poder Público. Esse é o modelo que propomos e o que está sendo feito nas várias Prefeituras do PT. Esperamos que o Governo Lula venha a implementar esse projeto no próximo período, que, com certeza, será novo em todos os sentidos para o setor de esporte e lazer.

Gostaria de agradecer a todos a paciência. É extremamente importante fazermos essa integração com outros setores e disciplinas da escola. É importante uma associação e uma aliança entre escola e comunidade, desporto de participação e desporto educacional.

Deputada Esther Grossi – Educação que ignora o esporte, não só o de participação, mas também o de orientação para a torcida e a visão do esporte com seu poder simbólico, apresenta uma lacuna. O jogo imita a vida. Quando participamos de um jogo de futebol ou de qualquer outro esporte, estamos reproduzindo a vida, em que diariamente perdemos e ganhamos. Mais uma vez, agradeço a vocês a participação.

A intelligentzia em off-side

Miguel Massolo

"O futebol não é a pátria, mas com ela se parece"
(Pablo Alabarces em "Cuestión de Pelotas")

1– Civilização e barbárie

Sabe-se que os gregos antigos apelidavam como "bárbaros" qualquer povo que não fosse o seu. A idéia fundava-se em torno de uma discussão dirigida àqueles que não falavam grego. Como conseqüência, o estranho passava a fazer parte desse conjunto.

Para nós, argentinos, passou-se o mesmo. Precisamente porque nossa *intelligentzia*, a partir dos anos 1.800 d.C., não deixou de namorar os europeus. Neste sentido, tudo aquilo que não fosse expressão deste pólo cultural fazia com que, rapidamente, fosse qualificado por nossos costumes, consubstanciados com o "popular", como "bárbaro". O broche de ouro testemunha a famosa frase-consigna de "Civilización y barbárie", daquele que terminou por ser presidente dos argentinos, Domingo Faustino Sarmiento, em seu ensaio de 1845 – "Facundo".

2 – O patrão está em todos os lados, mas dorme na universidade

Fomos muitos os que participamos durante anos da visão da *intelligentzia* e decididamente foi uma tarefa mais que difícil questionar o ensinamento e os modos de transmissão de nossos claustros acadêmicos. Na medida em que este saber instituído se cristalizava, a ponto de conceber as ciências sociais em geral como um produto autônomo da razão, com total independência de seu conjunto político, social, econômico e cultural, terminaram-se gerando programas de estudo absolutamente dissociados de nossa realidade. É mais que um costume, é, talvez, uma marca registrada de nossas universidades, dedicar-se a escrever sobre o escrito, como se nisso "desempoeirássemos", em toda sua circularidade, o mito do eterno retorno. É factível que, dentro do enorme aparato universitário, exista em algum recôndito, outra forma de posicionamento frente a este problema.

Arrisco afirmar que a transmissão que vem pela via universitária cumpre com os efeitos da hibridez. A prova disto é que nela recebemos um sem fim de conhecimentos cuja condição ao alcançá-los é não exercê-los. Apresentam-nos maçãs, das quais é preciso falar de seu sabor, mas com a condição de não morder nenhuma. Ora, aprendemos em nossa formação psicanalítica que, para dar conta do sabor de uma maçã não há outra alternativa senão comê-la e, assim, poder transformá-la. Marx não esteve muito longe deste princípio. Na sua tumba é possível ler um de seus pensamentos, funcionando como epitáfio: "Os filósofos tentaram interpretar o mundo para conhecê-lo: para conhecê-lo, trata-se de transformá-lo". Para o discurso analítico, o desejo do analista não é um desejo de saber. Lacan insiste que não há aquisição de um saber a não ser por um gozo. Talvez a melhor referência que podemos oferecer é o modo de entender a interpretação, que se junta a suas noções de enigma e de citação. E isso inaugura um estilo de transmissão. A conseqüência de colocar o saber no lugar da verdade é o que Lacan chama de meio-dizer. E é este meio-dizer que tem de ficar cuidadosamente resguardado.

O discurso universitário, se bem que seja seu melhor representante, estende-se muito além dos universitários. Compreende qualquer cristalização do saber chegando, assim, ao resultado de conjugar identificatoriamente este com o poder. Trata-se de um saber que dirige e que dá ordens até o término de uma função de mando, porque o essencial e que tem de ficar escondido é que essas ordens, como foram sempre as do patrão, jamais deixarão de ser arbitrárias. Tanto o patrão antigo como o moderno, que tão bem se mimetizam com o conhecimento, não têm o mínimo desejo de saber. Reiteradamente caímos na ingenuidade de supor que o Outro, que manda, sabe perfeitamente o que faz. E é assim que o supomos, seja a favor ou contra nós. Apesar dos pesares, estamos frente ao mal-entendido, em que todo o mundo crê, de que há um saber no poder. E assim andamos, sofrendo suas conseqüências, meio dobrados, com calos nos joelhos, intumescidos por esta milenária adoração. Vocação dogmática ou neurose, como melhor se quiser. Não é necessário cair no ceticismo nem no cinismo mais representativo do momento, como último recurso disponível, nem tampouco lamentar-se com o copo de bebida na mão e cantar aquele tango que começava assim: "Que desencanto mais profundo/ que desencanto brutal/ que vontade de jogar-se ao chão/ e pôr-se a chorar..."

3 – A *intelligentzia* não quer que se jogue a bola

Foi assim que nossa *intelligentzia* de turno tentou conformar uma ideologia dominante pelo fato de monopolizar o significado da realidade. Discursos totalitários, ou também reitores, como se diz, dedicaram-se a conjugar significados definitivos e excludentes. Em tal sentido, não se fez esperar sua reação ao detectar a facilidade com que ia ganhando adeptos o futebol como fenômeno social. Foram explícitas as leituras deste fenômeno. Para nomear alguns, vamos começar com o grupo mais notório deles. Refiro-me a Adorno, Reich, Marcuse, Horkeheimer, Bettelheim e o que dizer dos que, em língua espanhola, enrolaram-se nas filas do anti-populismo, com a finalidade de combater o fascismo, como se pode encontrar em Ortega y Gasset na "Rebelión de las masas" e "El espectador"; como Ezequiel Martinez Estrada em "Radiografía de la Pampa" e, entre outros, Juan José Sebreli em dois textos, "Buenos Aires, vida cotidiana y alienación" e "Fútbol y alienación". De diferentes pontos de reflexão chegaram ao denominador comum axiológico de entender o futebol como uma vulgar apresentação, no palco, das sociedades de massa.

Eduardo Galeano escreveu: ".. muitos intelectuais de esquerda desqualificam o futebol porque castra as massas e desvia sua energia revolucionária. Pão e circo, circo sem pão: hipnotizados pela bola, que exerce uma perversa fascinação, os operários atrofiam sua consciência e se deixam levar como um rebanho por seus inimigos de classe."[1]

Para logo acrescentar: "A miséria não está escrita nos astros, costuma pensar o intelectual de esquerda, mas, sim, no gramado do estádio onde se marcam os golos: se não fosse pelo futebol o proletariado adquiriria sua necessária consciência de classe e a revolução estouraria."[2]

Estas expressões de vocação dogmática somente podem subsistir onde não exista a possibilidade de sua própria relativização. Não há lugar, não existe outro ponto de vista, sua rubrica é definitiva enquanto proposta de uma significação excludente para os acontecimentos.

E é assim que Galeano, sendo um comprometido homem de esquerda, resiste a que o sentido se afirme definitivamente:

"Não nego que o futebol começa por me agradar, e muito, sem que isso me provoque o menor remorso nem a sensação de estar atraiçoando a nada e a ninguém, confesso consumidor do ópio dos povos."[3]

A posição da intelligentzia se sustenta quando se afirma que o menosprezo fascista pelo intelectual é conseqüência de se opor a um suposto povo, de boa cepa, ignorante, mas sadio de espírito. O papel do intelectual comprometido deverá centrar-se naqueles lugares nos quais se façam presentes as idéias populistas, especialmente com a categoria de povo, cujo termo foi desqualificado pelo marxismo, porque sugere a idéia de unidade e ausência de contradições sociais ou luta de classes dentro da sociedade.

O equívoco se manifesta a partir do momento em que dois termos, povo e futebol, constituem-se em um matrimônio inseparável. Conjugação perigosa a de definir o futebol amarrado exclusivamente ao campo popular. Este aramado não cabe ao futebol porque, simplesmente, na atualidade, este acovardou-se com a maior das comodidades, em cada rincão de nossa sociedade. Pablo Alabarces escreve em *Cuestión de pelotas*:

192

"O futebol parece ter-se deslocado, na cultura contemporânea, para o campo do que Alberto Cirese, seguindo Gramsci, chamava "o elementarmente humano". E não somente em situações de alta densidade significativa, como os campeonatos mundiais: nos estádios locais nem sequer a oposição semiótica entre arquibancadas populares e cadeiras numeradas parece ser suficiente marco de distinção para reconhecer extrações de classe delimitadas. As classes médias intervêm fortemente nas discussões futebolísticas, provêm jogadores, aceitam o futebol como uma possível forma de ascensão social, ante a debilidade dos mecanismos escolares de legitimação."[4]

Há pouco menos de quatro anos, o conhecidíssimo diário Clarín (o de maior circulação na Argentina), empreende uma campanha a partir da seguinte frase: "Para que nossos filhos não pensem com os pés", objetivando promover a leitura e a alfabetização. Debaixo da frase, estava ali, redondinha, a bola de futebol.

Subjacente a isto nos deparamos com uma complexa estrutura de caráter valorativo nesta dissociação corpo-mente que a intelligentzia não tem condições de metabolizar. Os recursos de que dispõe são insuficientes para dar conta de que o corpo também encontra seu lugar na cultura. Corpos que se articulam simbolicamente e que se traduzem em arte e estilos. Que dizer das danças que tanto nos representam? Ou então, é preciso interpretar que a cabeça, rainha da razão, não tem nada a ver com esse território selvagem que é o corpo em sua animalidade, vulgar e primitiva? "Pensar com os pés" pareceria que somente se remete a um corpo que, de nenhuma forma, pode ser suporte do simbólico. O acaso nos deixa o lugar de lenda e de nostalgia para dar conta desse gol que Maradona, depois de driblar cinco ingleses, coloca dentro da rede? E os dribles clássicos de Garrincha? Estamos reinventando um objeto que, apesar de nossa intelligentzia, encontramos ali, mais de uma vez por semana e nas conversas de todos os dias. O futebol manifesta uma capacidade de sustentar setores os mais diversos de nossa sociedade. Não necessitamos de nenhuma autorização acadêmica para que, mediante um decreto, anatomize-se o que é cultura e o que não o é. Não existe atualmente um Hans Jhost (dramaturgo de ideologia nazista), que sacava de sua pistola ao escutar falar de cultura. Estamos alertados. O futebol carece deste aval, como todo o campo do desporto em geral. Quiçá, uma das dificuldades esteja radicada em que estes polifacéticos objetos culturais contemporâneos exijam enquadres teóricos complexos e diversos, precisamente porque apostar em uma só disciplina para dar conta deste fenômeno resultaria tão absurdo como intentar colocar um elefante numa caixa de sapatos.

Bibliografia:

1. GALEANO, Eduardo – Su majestad el fútbol, Arca, Montevideo.
2. Ibid.
3. Ibid.
4. ALABARCES, Pablo y RODRÍGUEZ, María G. – Cuestión de Pelotas, Edit. Atuel, Buenos Aires, 1996.

O poder real do futebol

DR. SÓCRATES BRASILEIRO

Vou falar do poder real do futebol, que até hoje era simbólico. Corroborando com tudo que o professor disse, ao contrário da idéia que de alguma forma sempre foi vendida, nada é mais político, nada é mais agregador, particularmente em nossa sociedade, do que o futebol. E, por conseqüência, nada é mais forte para provocar transformações sociais. E não somente o futebol, mas o esporte em geral. O futebol é o esporte mais popular em nossa sociedade, mas podemos transferir isso para todas as outras formas de educação esportiva.

Temos, historicamente, desperdiçado muitas chances de utilizar essa capacidade que o futebol nos oferece, enquanto sociedade e comunidade, para provocar as transformações de que necessitamos. Esse esporte, em geral, sempre foi tratado com menos importância, exatamente porque as pessoas que fazem parte dele são tidas como menos importantes que as demais.

O ponto primordial é, de alguma forma, transformar as pessoas que convivem com o futebol em pessoas mais capacitadas, em agentes transformadores da nossa sociedade e com noção de sua importância social. Não é difícil; deve-se apenas mudar o conceito do que representa, para nós, esse esporte.

Vou citar um exemplo simples que faz parte da nossa realidade. O futebol talvez seja a única profissão do País que não exija nada do indivíduo, senão que ele seja alfabetizado — o que, no Brasil, significa saber desenhar o próprio nome. Isso é de uma incoerência absurda, porque esse profissional é a pessoa de maior presença nacional, é mais vista, mais ouvida e mais acompanhada. A imensa maioria dos que procuram esse esporte é analfabeta.

Imaginemos uma nova circunstância em que essas pessoas sejam mais capacitadas a entender sua própria realidade e sua relação com a sociedade, que possam ver a si mesmas como agentes transformadores. Certamente, não estaríamos no ponto em que estamos. O pior é que são pessoas com poder de influência tão grande que criamos, a partir deles, uma geração de ignorantes. Não existe nada neste País que crie mais expectativa de ascensão social do que o futebol. Nada há que seja semelhante a isso. Se o ídolo dessa garotada, que nasceu numa situação extremamente carente, não precisou estudar nem servir à sociedade para ter sucesso, por que essa criança vai estudar? Obviamente, estamos criando uma geração de marginais por trás disso, porque a maioria dessas crianças jamais terá a possibilidade de ser uma estrela de futebol.

Existe uma série de questionamentos sobre a forma como deveríamos utilizar esse espaço de maior poder político do Brasil como agente transformador da nossa sociedade. Estou levantando uma questão muito simples, isto é, que transformemos nossos ídolos, nossas referências, em pessoas mais capazes. Rapidamente teríamos resultados e uma nova visão do que queremos para esta nação. Trata-se de fato claro que exemplifica uma série de outras ações, mas dá a dimensão concreta do que o futebol representa numa sociedade como a nossa.

O Presidente da República é muito menos visto e ouvido do que o Ronaldinho e serve muito menos de exemplo para a sociedade brasileira do que qualquer jogador de futebol, por pior que ele seja na sua concepção humana.

Esse é um tema simples, que merece reflexão séria. Por que não quisemos mudar este País? Todos nós aqui estamos discutindo educação e nada é mais barato do que educar por meio do esporte. No entanto, historicamente, passamos cinqüenta anos discutindo o que fazer e como fazer. Há milhares de projetos e centenas de idéias, mas o que nos falta é ação, é querer mudar. Com uma bola e um sanduíche podemos mudar a realidade de qualquer criança, desde que haja um educador ao lado.

A nossa cultura sempre privilegiou a construção de equipamentos esportivos sem nunca utilizá-los com um educador. Isso jamais dará resultado. De que valeria esta tenda se nenhum dos senhores estivesse aqui? Nada. Seria só um símbolo, um ícone da falta absoluta de vontade política de realizar alguma coisa.

Futebol é espaço de alienação

LINO CASTELLANI FILHO

Penso que este é um momento extremamente oportuno. A esperança vence o medo; é tempo de expectativas de melhores dias para este País. Estar aqui neste momento, discutindo, por meio do futebol, a perspectiva de uma política esportiva para o Brasil, é algo extremamente salutar.

Portanto, agradeço à Comissão de Educação, Cultura e Desporto, da Câmara dos Deputados, o convite formulado a mim e ao Colégio Brasileiro de Ciências do Esporte, que aqui represento, a oportunidade de, nestes minutos, fazer algumas reflexões.

Quero começar falando de um episódio que me marcou muito. Percebo que este auditório é constituído, em sua maioria, por pessoas do sexo feminino, e a história que vou contar tem significado especial para esse segmento. Diz respeito a um episódio que aconteceu com meu filho. Na ocasião, ele tinha sete anos de idade — hoje tem vinte anos. Morávamos em São Paulo, num apartamento. O tempo estava chuvoso. Ele, chegando, da quadra esportiva que existia no prédio, abriu a porta do apartamento todo sujo e melado de suor, olhou para mim e disse: *"Pai, me danei!"* Perguntei: *"O que foi Rafa, o que aconteceu?"* *"É que tivemos um jogo contra o time do outro prédio e perdemos. Perdemos, pai, não deu. Não deu, pai, mas olha, eles eram melhores do que nós, jogaram melhor, nada dava certo para nós. Estava horrível o jogo. Tem dia, não é, pai?"* Disse: *"É, tem dia que não dá certo mesmo, não é?"* *"Mas teve um lance, pai. Veja, pai, a menina veio e eu pus ela na caixa, pai. Da caixa, já pus ela na grama. Veio um carinha, todo louco, em cima de mim. Eu não tive dúvida: joguei a menina no meio das canetas dele, pai. Quando peguei a bola depois, veio outro carinha louco também e eu não tive dúvida, pai: dei um drible da vaca. Quando terminei o drible da vaca, pai, eu percebi o goleiro saindo. Aí, eu não tive dúvida, pai, pus o pé embaixo da menina, botei a menina lá na coruja, pai. Baita de um golaço, pai!"*

Fiquei imaginando: se ele fez tudo isso, estou rico. Caramba! Está aqui um talento em potencial. Mas, mais do que isso, ele me fez perceber que estava se valendo de elementos da cultura esportiva, mais exatamente daquela ligada ao futebol, identificados pela maioria dos meninos deste País e praticamente desconhecidos pelas meninas. É rara a menina que identifique, na "menina", a bola; na "caixa", o peito; nas "canetas", as duas pernas por onde a bola foi colocada; no "drible da vaca", o jogar a bola por um lado e pegá-la no outro; e, no chutar a bola na "coruja", atingir o ângulo superior do gol, da meta, do arco adversário. São elementos próprios do futebol, totalmente compreendidos pelo segmento masculino e dificilmente incorporados, até o presente momento, pela parcela feminina.

Perguntei-me: por que é assim? E a resposta veio rápido.

Sou formado em educação física. Estudei em uma das mais conceituadas escolas do País, a Escola de Educação Física da USP (Universidade de São Paulo). Em dois dos meus três anos de curso, tive que estudar futebol. E o que me ensinaram? A chutar, driblar, fintar, a cabecear; ensinaram-me o desenvolvimento técnico e tático do jogo e as regras esportivas do futebol. Em nenhum momento, em dois anos de presença dessa disciplina na minha formação, fui levado a pensar por que, diabos, numa sociedade machista como a nossa, onde um homem cumprimenta outro por meio de um aperto de mão ou com um tapa nas costas — e, quanto mais forte o aperto de mão ou o tapa nas costas, mais ele estaria explicitando sua masculinidade — no momento do gol, esse mesmo homem, todo ele macho, abraça-se ao outro, suado, fedido, rolando no meio do campo, em verdadeiras surubas esportivas? O que acontece com a magia do futebol que permite que isso aconteça?

Em nenhum momento levaram-me a pensar no sentido estético, plástico do futebol brasileiro: a beleza de uma bicicleta, de matar a bola no peito, de uma cabeçada, de um voleio, de um semivoleio. Em nenhum momento fui levado a estabelecer estudos comparativos entre o movimento corporal no futebol, no voleibol, no basquetebol, no handebol, no atletismo. Nunca. E por quê? Porque historicamente prevaleceu entre nós a idéia de que esporte tinha relação direta, imediata, mecânica e única com a busca do resultado esportivo, da *performance esportiva*. E se é o resultado que busco, não vou perder tempo me preocupando com a beleza do gesto, com seu sentido plástico, com a importância de uma ou outra modalidade esportiva na cultura do homem e da mulher brasileira.

Mais do que nunca, o desporto é uma das manifestações culturais mais significativas do tempo contemporâneo. O futebol, em particular, é a modalidade que dá identidade cultural-esportiva ao brasileiro; é ele que nos identifica nesse âmbito lá fora. No Brasil, quando nasce um menino, pendura-se uma chuteirinha na porta da maternidade. Não é uma bola ou raquete de tênis, não é uma bola de vôlei, não é uma bola de basquete; é uma chuteirinha.

Em nenhum momento somos levados a pensar como se constrói a cultura esportiva de um povo ou sua identidade cultural-esportiva. Por que é o futebol e não o *rugby*, o beisebol, o basquetebol que marca culturalmente o desporto brasileiro? Qual é o papel da escola enquanto espaço de formação lúdica e desportiva do brasileiro? E por que isso não está presente no universo da escola?

A escola, por culpa da falácia, da irresponsabilidade presente na estrutura esportiva brasileira, da destrutiva lógica do alto rendimento, da destruição dos clubes, seja pela corrupção, seja pelo uso privado da coisa pública ou pelo aparelhamento político das instâncias desportivas em benefício particular de pessoas ou grupos... O clube faliu, a federação esportiva está falida, e as confederações também. O alto rendimento esportivo, organizado em torno dessa estrutura, não encontrou espaço para se desenvolver e desloca-se para o esporte que acontece na escola, cobrando dele algo que não lhe diz respeito.

Não é papel da escola detectar talentos ou preocupar-se com especialização para o alto rendimento.

Temos esperança de que o próximo governo não caia nessa armadilha, não seja pego nessas artimanhas que buscam fazer da escola um simulacro de clube esportivo, que buscam fazer do esporte comunitário algo que tem de ser apropriado por todos os segmentos da sociedade, porquanto é direito social desta ter acesso a um dos patrimônios culturais mais significativos dos tempos contemporâneos. Temos esperança que ele, o Governo, não faça dos projetos voltados para o esporte-participação um arremedo de campo de intervenção na construção do alto rendimento. Há espaço para este último também.

É responsabilidade do Governo Federal pensar numa política a esse respeito. É responsabilidade da União, dos Estados e dos municípios, articularem uma política educacional voltada para o esporte. E é obrigação da instância municipal construir projetos voltados para o esporte comunitário, para o desporto-participação. Essa a tarefa que nos cumpre desenvolver.

Há acúmulo de discussão no PT, e nos partidos a ele coligados, quanto à construção de uma política, que hoje é realidade no País, constituída pelo setorial nacional de esporte, pelo segmento acadêmico, pelos gestores das administrações públicas.

Temos mais de dez anos de experiência acumulada na administração pública desportiva e de lazer no Brasil, no campo da esquerda. É fundamental que a equipe de transição, que Lula e os parlamentares tenham respeito por essa experiência e sejam capazes de nos ouvir e aprender conosco; é preciso que se estabeleça uma interlocução entre o Governo e esse setor, a fim de elaborar uma boa política nacional nesse sentido. O esporte, em particular o futebol, merece lugar de destaque.

Temos de exigir das autoridades responsáveis que se tomem as devidas previdências com relação aos resultados apurados pela CPI do Futebol. É reivindicação nossa e, portanto, obrigação do próximo Governo levar isso até as últimas conseqüências.

Ao futebol cabe um lugar de destaque, mas, apesar de privilegiado, não é o único. Não podemos cair na armadilha de pensar em política esportiva exclusivamente pela lógica do futebol. Em nosso País, liga-se a TV e se discute política esportiva tão somente pela ótica do futebol. Não podemos deixar que esse equívoco continue sendo cometido no Governo que tomará posse em 1º de janeiro de 2003.

Futebol é espaço de emancipação, mas também de alienação. Futebol é cultura, mas é também espaço de construção de uma perspectiva ético-política, em que o importante é vencer, não interessa como. Com isso quero dizer que o esporte é reflexo da sociedade na qual se encontra inserido e que é, acima de tudo, contraditório. Mas, apesar disso, têm de prevalecer os elementos éticos, políticos e socioculturais que fazem com que o esporte contribua para o processo de emancipação humana que queremos construir a partir do próximo Governo.

Impressão e Acabamento
Prol Editora Gráfica Ldta - Unidade Tamboré
Al.Araguaia, 1901 - Barueri - SP
Tel.: 4195-1805   Fax.: 4195-1384